POETIC POSTS

(Publicaciones Poéticas)

POETIC POSTS

(Publicaciones Poéticas)

Francisco Céspedes Asensio

Diseño de Portada: Álex Céspedes

ISBN-13: 9781710625011
Independently published

DEDICATORIA

A quienquiera que lea lo que aquí escribo,
le hago saber que yo no soy poeta;
que al escribir no pretendo otra meta
que darle ritmo a lo que describo.
Ni utilizar serventesios concibo,
ni cuartetos, ni la humilde cuarteta,
para expresar, desde mi mente inquieta,
ocurrencias febriles que transcribo.
Quizás a prosa tenga parecido
o haya abusado de los pareados;
mas, quien hallare el ritmo subsumido,
al releer los hechos relatados,
feliz me hará, sintiendo que he obtenido
dos objetivos entre sí enlazados.

CONTENIDOS

AGRADECIMIENTOS

A todos, acompañantes
en este humano viaje,
sabedores del origen
y de la meta ignorantes,
agradezco lo que hagáis
por vuestro mejor destino
que me ayuda a hacer el mío
y da inspiración al libro.

POST Nº 1 Del derecho de opinión

Hace un tiempo que me vengo devanando la sesera, rebuscando entre neuronas, para ver si allí pudiera encontrar explicaciones a un hecho que me preocupa, queriendo hallar el momento en que, el hecho que me ocupa, por sí mismo o desde lo Alto o por medio del azar (que diría Don Charles Darwin), se vino a consolidar –yo ignoro el cómo y el cuándo– en una Ley Natural de obligado cumplimiento. O no es así y es casual.

He hurgado en libros de historia, hasta de antropología, he leído a algún teólogo o docto en filosofía, preguntado a gente sabia y hasta a los más ignorantes, esperando a ver si hallaba a personas bien pensantes, que pudieran explicarme origen, causa y razón del porqué tan desquiciada y horrorosa obligación que, de forma gratuita, sin forzarlo, hace inhumano, careciendo de razones, a quien sea contra su hermano.

Pues parece que la gente, es decir, la humanidad, se ve impelida, obligada, como por fatalidad, a analizar todo aquello que esté inerte o que se mueva delante de su mirada, tanto sea una cosa nueva o sea vieja conocida que conviva con nosotros, sean animales, objetos, sean personas, sean los otros que, por fuerza de esa ley, los criticarán a ellos y ¡allá todos, como locos, mesándose los cabellos!; cerrándose así ese bucle, sin solución de continuar, que a todo el mundo condena a convivencia infernal.

A esa ley todos la llaman, quitando hierro al asunto, el derecho de opinión, que es un término confuso; que una cosa es opinar, sobre algo o todo el mundo, y guardarse la opinión personal en lo profundo, y otra, lanzar contra otros, vivamente, a voz en grito, sin tardanza y sin guardarla un instante en lo más íntimo, dicha opinión personal, sin reserva y sin motivos, pretendiendo demostrar algo que nadie ha pedido.

Dije término confuso y ahora os doy la explicación, pues parece confundirse el derecho de expresión –que es algo que es regulado por las leyes del país– con la humana habilidad de pensar y concluir con libertad, interiormente; que nadie puede evitar, que alguien piense lo que quiera: no se puede legislar sobre lo que permanezca guardado en la intimidad (salvo avances que consigan el pensamiento captar).

Y llegados a ese punto, quizás consiga entender las causas porque la gente, sin importar su nivel, anda como compelida a exponer por todas partes, en los guasaps y los tuiters, en los blogs y en otras artes de las redes de Internet o escribiendo a los diarios, lo que sea que se le ocurra, tanto si se es partidario o enemigo declarado, de aquellos que son objeto de su verbo envenenado.

Sea por faltar al respeto, sea porque estén aburridos o que haya perdido el norte este mundo enloquecido, se ha creado una cohorte, que perdió todo sentido de la moral y la ética y respeto a los iguales, de una forma tan patética, que ha de resultar difícil llegarles a convencer de que, aquello que no quieran para sí, no lo han de hacer.

Francisco Céspedes Asensio

POST Nº 2 De periodismo y periodistas

Siendo niño, allá en mi pueblo, no eran frecuentes las 'radios' y por ahorrar el peculio, pocos compraban diarios; así que cuando el alcalde veía la necesidad de informar de algo importante o dar una novedad, quizás como en otros pueblos de aquellos tiempos pasados, tenía que echar mano presto de un personaje olvidado, al cual la vida moderna llegó a dejar sin oficio, porque al mejorar la técnica alguien sufre un perjuicio.

También pegaban pasquines por las distintas esquinas, en los cruces de las calles, de por sí, más concurridas o con chinchetas colgados del tablón consistorial, esperando que la gente, allí se fuera a informar; pero, este procedimiento, no resultaba eficiente, puesto que no tenía en cuenta los problemas más corrientes: si a quien iban dirigidos, no tenía oportunidad de pasar por tales sitios, no los podía consultar; cuando no sabían leer, precisaban del favor de alguno, que sí supiera y lo hiciera en alta voz; o si, sabiendo leerlos, habían perdido visión, porque no portaran gafas o por mala graduación; o no podían detenerse por causa de su trabajo, ya que fuera inconveniente si el contrato era a destajo; ...

Así es que, no es de extrañar, que resultara frecuente que se oyera, cada tanto, como invocando a la gente, el redoble de un tambor y un sonar de trompetilla, que usaba aquel pregonero anunciando su venida, seguido siempre, de cerca, de un guardia municipal, portando, además de porra, el bando, para lanzar con la estentórea voz de aquel, que todos recuerdan por tener tan buen pulmón y anunciar también las fiestas y antes de tirar cohetes en ferias y procesiones; hasta llegó a ser actor en algunas producciones de aquellos hollywoodenses que vinieron a rodar cierto film por nuestro pueblo: "El salvaje Kurdistán".

Era así como se daban las noticias oficiales, cómo se informaba al pueblo de los actos principales o se instaba a los vecinos a cumplir con sus deberes, pagos de tasas o impuestos y otros muchos menesteres.

Mas la forma más frecuente de conocer las noticias, era esperar a encontrar a personas muy redichas que, a la primera ocasión que ante ellas se presentara, con presteza y diligencia, a todo el mundo informaban: que si el vecino Fulánez hizo algo reprensible, o tal o cual personaje tuvo un percance risible; que de Fulana de Tal, que se ve tan modosita, hay quien cuenta por ahí que anda teniendo visitas, que del médico no son, ya que son más bien nocturnas, y hay quien dice que anda enferma y que sufre calenturas.

Pero lo que más recuerdo, con nostalgia contenida o, para ser más exacto, con nostalgia fenecida, eran aquellos corrillos que las mujeres hacían: en las plazas o los paseos, se juntaban las vecinas, o en las calles, tanto si eran poco o mucho concurridas, ya que el tránsito rodado, era poco y no influía; algo tenía de admirable la forma en que acontecía, pues tan solo con que dos, donde sea que se veían, entretuvieran su marcha para un saludo social, o por decirse algo mutuo que les pudiera afectar, ambas se constituían en un jugoso pastel, que, cual moscas, atraía a otras vecinas a él.

Era digno de admirar que aquello que había empezado con un ¡Hola! ¿Y tú, qué tal?, creciera desmesurado, en número y en volumen y en temática variada, que quizás podía aludir a alguien que allí no estaba. Y se sacaban las sillas si es que el sitio se prestaba; y de allí nadie se iba hasta que la reclamaran, por ser de todas sabido, que su marcha era ocasión de reactivarse la crítica sin medida ni control.

No esperéis que se me olvide de lo que hablaban los hombres, aunque cuando lo desvele no habrá cosa que os asombre, pues sus temas se ceñían a hablar de fútbol en el bar o a resaltar los encantos de alguna moza especial; y cuando formaban corro no era para criticar a personajes ausentes (aunque pudiera pasar), sino que era, más frecuente, para ponerse a jugar al dominó, al julepe, al *subastao* y poco más; o a criticar al alcalde y algún que otro concejal; y alguno osado, a políticos de allá por la capital.

Cuando llegaron a verse los primeros 'transistores', aquello empezó a extenderse por incontables rincones, agarrados por las asas o dentro de los bolsillos; y cuando aquellos hablaban o lanzaban sus quejidos, había que acallar las voces de muchísimos vecinos, desde los que eran ancianos hasta los propios chiquillos.

Por causa de oír las noticias, y no poder casi hablar sin que alguno te chistara, porque quisiera escuchar, se fue acostumbrando el pueblo a comprar algún diario, que aportaba sus noticias en silencio solitario.

Y para colmo de males, llegó la televisión y de corros vecinales se acabó la tradición; aunque aquellos se formaban para mirar muy atentos, ni hablar podías, ni toser, sin oír gritar ¡silencio!

Y aquella vieja labor de tantos correveidiles, cuentistas metomentodo y entremetidos febriles, los chismosos y las cotillas y todo murmurador, pronto dejó de importar y se perdió la afición, entrañable y popular e impúdica y sin rubor, al haber sido suplida por la nueva profesión que se llama periodismo, denotando su misión de informar, siguiendo un ritmo, sea diario o semanal, de cosas que antes se daban de forma más casual.

Y aquel tipo de vecino que en el pueblo pululaba, ha encontrado que, estudiando, si su título sacaba, es decir, de periodista, y luego se colocaba en una empresa editora o a televisión llegaba, podría conseguir la gloria que antaño tenía negada: ni corros ni contertulias, ahora es a toda plana.

POST Nº 3 De la propiedad privada

Cuando eres niño, a las cosas, les das su justo valor, como aquel niño que, dicen, a un rey desnudo miró –mientras la corte de adultos ensalzaba su elegancia– y el niño, entre carcajadas, clamó "¡se le ve la panza!", por no decir otras partes, que el pudor me hace callarme. Con su inocencia, los niños, a las cosas admirables, aunque se les vea ingenuos o aparenten ignorancia, reconocen su valor o le quitan importancia.

Usaré, si me permiten, mi experiencia personal de cuando era chiquillo, para poder apoyar, de algún modo, lo que digo y trato de demostrar. Me acuerdo que, cuando íbamos al rio a jugar los zagales, que así se decía en mi pueblo en vez de decir chavales, y en aquellas torrenteras, llenas de cantos rodados, cada uno elegía las piedras que fueran más de su agrado, sin que nadie le dijera '¡esa es mía!, o ¡quítate allá!'; y las metía en los bolsillos o las decidía lanzar, hacer montón, ordenarlas u otras formas de jugar.

Aquellos juegos de infancia, a todos nos enseñaban que nadie te decía nada porque nadie las deseaba, porque allí había tantas piedras que nadie necesitaba, pues, salvo para jugar, poco valor se les daba. Por aquel tiempo también, y a pesar de las sequías, que eran cosa cotidiana de las tierras de Almería, si íbamos a una fuente o salíamos de excursión, al pasar junto a un arroyo, si se daba la ocasión, o al llegar a un manantial, si las aguas eran potables, podías beber sin parar hasta llegar a saciarte; y nadie te iba a reclamar ningún pago por aquello, pues, como la gente sabe, las aguas bajan del cielo.

Pero alguno decidió que las tapas de cerveza, las chapas que hacen de cierre y tapón de las botellas, si que tenían un valor y podías jugar con ellas, de tal forma o de tal otra, que había múltiples maneras. Y los niños en tropel o andando con disimulo, fijando la vista al suelo, del más listo al más garrulo, buscábamos con fruición esos trozos de metal, ondulados por el borde, con su dibujo central, que denotaba la marca de la espumosa bebida e incrementaba el valor de la que era preferida. Y al igual que con las chapas, pasaba con los cartones recortados de las tapas de las cajas de cerillas (llamadas por todos 'rompes'); ignoro si hubo razones que aumentaran el valor de esas tapas tan sencillas, pues, si pasada mi infancia las hacían multicolores, antes solo era un dibujo de una llama enrojecida.

En cierta ocasión, jugando a los 'rompes' con el tejo –o teje, que decían otros– de piedra o ladrillo viejo, con uno que creía amigo y le iban mal las jugadas, cuando vio que casi todos sus 'rompes' yo los ganaba, en la postrera jugada, cuando el último perdió, simulando que ayudaba a recoger el montón, agarrando dos puñados, de allí corriendo salió. Y me dejó con la duda, que no supe aquilatar, intentando discernir, en medio de mi estupor, si lo que más me dolía era perder la amistad o el hurto de las ganancias de unos cromos sin valor.

La propiedad, comprendí claramente lo que era y que nadie ha de meter la mano en tu faltriquera; que las cosas que tú ganas, ahorras y tienes guardadas, con razón, dicen los sabios, son tu propiedad privada. Al comparar este hecho con lo dicho de las piedras y de las fuentes de agua cuando no se encuentran secas, o el caminar por los ríos, arroyos o torrenteras, por los caminos de tierra, sean senderos o veredas, en el pueblo por sus calles, sus plazas y sus callejas y hasta por las carreteras cuando del pueblo te alejas, estas cosas no se cobran, nadie con ellas se lucra: son de uso libre de todos, por ser de propiedad pública.

Ahora, pasados los años, viviendo ya en democracia, cuyo estandarte proclama la libertad e igualdad, ciertos criterios confusos me hacen decir, por desgracia: prescindamos de momento de hablar de fraternidad.

Hubo actividades públicas que gestionaba el estado o alguna empresa interpuesta que obtenía la concesión; al llamarlas monopolio, lo cual de por sí es muy malo, sin remedio, hubo que darlas a la privatización. Sanidad y Educación, aún se mantienen incólumes, por ser dos servicios públicos de carácter especial, aunque, de forma frecuente, nos hacen llegar rumores, de políticos o empresas que desean privatizar. Y privatizar las aguas, desde el cielo a bajo tierra, lo que pondrá bajo llave, supongo, el manantial, para anular su uso libre, que sería como si hubieran impedido el libre acceso, en el desierto, al maná.

Lo que resulta común a cuanto se privatiza, es que, si alguien lo desea, es porque se beneficia, porque en el caso contrario, lo rechazará sin más y si osaran obligarlo, '¡Vade retro!' exclamará. Con la privatización, tantos de esos beneficios que antes iban al erario, pasan a ser de los ricos, disminuyendo, de facto, el presupuesto estatal, cosa que obliga al gobierno a tener que compensar.

Viene de ahí mi porqué, lo que trasluce mi queja, pues, si cesa de obtenerse ese dinero que dejan, las cosas privatizadas, de aportar a dicho erario, lo ha de obtener, el Gobierno, de todos sus gobernados: a través de los impuestos, contribuciones y tasas, sobre el dinero al cobrarlo y después, cuando se gasta; y si ello no es suficiente, se aplica a la propiedad, sea inmueble, sea semoviente o sea la cuenta de ahorrar.

Y al igual que decía el niño de aquel párrafo primero, veo necesario deciros: '¡se os está viendo el plumero!', que, hablando de propiedad, vemos la artera jugada, que nos priva de la pública y nos purga la privada.

POST Nº 4 De la esperanza de vida

Dispuso la Providencia que, siendo yo aún pequeño, por tres años residiera con mis abuelos paternos. Ese tiempo, lo recuerdo con gran cariño y tristeza, al cuidarme mis abuelos por estar mi madre enferma. Aquella fue una vivencia que ahora viene a mi memoria, que me aportó una experiencia que es aplicable a esta historia.

El Cortijo de los Frailes, aquel huerto se llamaba, sito a la entrada del pueblo, al borde de la calzada, por entonces pedregosa, muy poco y mal asfaltada. Era aquel huerto un jardín cultivado por mi abuelo, que con tal mimo cuidaba, que no hallaba días de asueto. Aquel vergel atraía la atención de cuanta gente paseara por su puerta: se paraban, de repente, para admirar el frescor de aquel espacio emparrado y algo más atrás, el huerto, sin yerbajos, bien cuidado.

En las mañanas de otoño, de invierno o de primavera, acompañaba a mi abuelo y salíamos a la puerta, de pie junto a la fachada, a esperar que el sol saliera. Y en tanto el sol calentaba era un continuo saludo, había un trasiego constante, pues pasaba todo el mundo. Porque la entrada del pueblo era aquella carretera y su salida también, considerada a la inversa.

Se desplazaba la gente, andando o en bicicleta (que, en tal caso, eran muy pocas y usadas como herramienta); pasaban algunos coches, que también eran escasos, todos pintados de negro, antiguos y americanos, conducidos por sus dueños, transportando pasajeros, que hoy se llamarían taxistas y antes chófer o cocheros; y aquellos cuyos destinos eran algo más lejanos, el autobús de la Alsina los llevaba bien temprano. Y no debería olvidarme de algo que era más frecuente, los que con burros o en mulas, bien andando o de jinetes, llevaban las mercancías propias o de otros agentes, a repartir por las tiendas o al mercado, a sus clientes; también pasaban arrieros con sus carros y sus recuas (de asnos, mulas o bueyes), carromatos y carretas. Y muchos de ellos paraban, si era el tiempo prefijado de manar agua en la fuente de la esquina, a echar un trago, debajo de la morera o por pagar el fielato.

Nadie se puede extrañar, por lógico y evidente, que también fuera salida de comitivas dolientes, de convecinos, amigos, parientes y familiares, acompañando a un difunto; pasando el pago de Atrales, por aquella carretera, y luego el alto de El Morro, caminaban todos juntos con el ataúd al hombro, hasta alcanzar su destino, el lejano cementerio, para dar postrer descanso a su fenecido deudo.

No hacía falta perspicacia para poder estimar la edad probable del muerto que llevaban a enterrar: si se trataba de un niño, no había ni que preguntarlo, su ataúd era pequeño y siempre de color blanco; y en los entierros de adultos, aparte de preguntar, observando a familiares podías estimar la edad: si era un anciano llegado a su muerte natural o joven por accidente o por grave enfermedad. Aunque yo fuera pequeño, observando la secuencia, era capaz de notar que era estable la frecuencia. Entre unos casos y otros, ahora podría calcular la edad promedio, aunque, entonces, me bastaba con sumar a la edad del más anciano la correspondiente a un niño y sacar luego la media, si es que por dos la divido, dando como resultado, para general tristeza que, a duras penas, llegaba a alcanzar la cincuentena.

Unos quince años atrás se había sufrido una guerra y, desde ella, hasta mi tiempo y algo más tarde, posguerra; por unas cosas y otras, se estima un millón de muertos, entre víctimas, secuelas y aquellos que no nacieron; los que tuvimos más suerte, formamos el "baby-boom"; y, pese a haber levantado entre todos la nación, hoy nos miran de soslayo, por no estar en proporción, con los que antes no nacieron y ahora no han de nacer: dizque, de la edad, ponemos la pirámide al revés.

Y como sea que las crisis y nuevas tecnologías, van menguando los trabajos que, tiempo atrás, se ofrecían, por pocos que sean los jóvenes, no encuentran medio de vida: la Seguridad Social, no obtiene cotizaciones suficientes para dar, a los viejos, sus pensiones y, con argumentaciones, aquellos que nos gobiernan, a modo de soluciones, dicen que buscan y piensan: que si alargar el trabajo y hacernos sentir culpables, que si aprobar la eutanasia y acortar enfermedades, que se haga un plan de pensiones, el que pueda y que se salve (y a ver si se privatiza la Seguridad Social y alguno se haga más rico sin tener que trabajar).

Puesto que debo centrarme en el tema de la edad, dejo aparte las pensiones, para poder comentar algo bueno que podemos, los ancianos, aportar. Ahora nacen pocos niños y son menos los que mueren –a Dios gracias– y, los ancianos, hacen todo lo que pueden por retrasar esa cita, que la mayoría no quiere; pues no he hallado, por ahora, a quien osara decir, algo que dijo la santa, que en su momento leí: "Ven muerte tan escondida, que no te sienta venir, porque el placer de morir no me vuelva a dar la vida".

Y por todas las razones que hasta aquí se han comentado, si calculara la media, como hiciera en el pasado, es seguro que tendría que llevarme la sorpresa, de que, el nuevo resultado, superaría los ochenta.

Como sea que los expertos en la Estadística ciencia, que miden la dispersión de datos con la *varianza*, mediando alguna razón, nacida de la experiencia, al promedio o valor medio, lo llamaron *esperanza*; los ancianos, gracias a eso, sirven a la medicina, en base a la confusión que genera la estadística, pues nos induce a creer que, a causa de sus medidas, la edad media de los muertos es la esperanza de vida.

POST Nº 5 De concertinas y hórreos

Quien haya podido ver, en TV2, documentales, habrá llegado a aprender que hay tres clases de animales: primero, vegetarianos, porque comen vegetales; de segundo, los carnívoros, y estos comen animales (que, por matarlos primero, también son depredadores) y tercero, los omnívoros, mezcla de los anteriores, que comen de cualquier cosa que tengan cerca o a mano o, por decir de otro modo, lo que encuentran a su paso.

Y por encima de todos, figuramos los humanos que, aunque seamos omnívoros, resultamos algo extraños, pues, se llega a dar el caso de comerse unos a otros, de convertirse en caníbales, más literario, antropófagos. Y, después de tantos años, aún no hemos aprendido a comer de lo que es nuestro, sin vigilar al vecino. El que come vegetales, deja, a los otros, pastar, igual como hace el carnívoro cuando se llega a saciar, pero los seres humanos, tendemos a acumular todo lo que comeremos, aunque nos llegue a sobrar.

Somos algo parecido a los grandes predadores, que recorren sus terrenos marcando sus posesiones; para decirles a otros dónde se hallan sus fronteras, buscan puntos estratégicos, que usan como meaderas; aquellas son permeables a cualesquiera animales, menos para sus congéneres –en esto somos iguales–, pues cuando se trata de estos, que son sus competidores, al acercarse a esos sitios y percibir los olores, en condiciones normales ponen pies en polvorosa, menos cuando tienen hambre que, entonces, ¡ya es otra cosa! y, entrando en terreno ajeno, si es que olfatean la comida, ya no temen al peligro ni los detiene la orina.

Allá por la prehistoria, podríamos imaginar que, para marcar fronteras antes del Neandertal, si hubo un eslabón perdido –aceptemos la premisa– como sea que, esas dos cosas, con frecuencia, van unidas, señalarían sus fronteras con las heces y la orina. Mas eso duraría poco; hasta inventar el garrote, momento, a partir del cual, melenudos con bigote, a todo el que se acercara, le 'apañarían' el cogote.

Millares de años después, al ser más civilizados, ya se empezaron a ver métodos más refinados, sin enarbolar garrotes ni guarradas con la orina; se levantaban murallas, como la muralla china, muros como el de Britania, llamado Muro de Adriano, alambradas espinosas, en tiempos ya más cercanos, y hoy –¡qué obras tan airosas!– cercas y muros metálicos.

Allá por Ceuta y Melilla, por los motivos citados, que se construyeran vallas no debería de extrañarnos, aunque sí por su diseño, si las hicieron tan altas pensando que evitarían que alguien pudiera saltarlas. Pues cualquiera sabe ya, que cuando la urgencia aprieta o el hambre es insoportable, no hay nada que te detenga; como enseñan los leones perdiendo el miedo a la muerte, saltándose los olores, fiándolo todo a la suerte.

Actuales avalanchas llegan por mar y por tierra y son tantos inmigrantes que nos parecen legión; huyendo de la pobreza, de la hambruna o de las guerras, no habrá vallas que detengan tanta desesperación. Alguien dio la solución (hablo de Ceuta y Melilla) de elevarlas algo más, añadiendo concertinas (que no es nada musical ni para dar serenatas, se trata de unas cuchillas unidas a la alambrada), esperando que al dolor de las carnes desgarradas se refrenara el impulso de gentes desesperadas. El resultado obtenido supera a la salvajada, pues da tormento a esos pobres y hace llorar hasta al Papa.

Un día, comentando el tema con un familiar querido, me dijo que no entendía por qué no usaban cilindros, que giraran libremente en ejes bien engrasados; pues no obteniendo el apoyo preciso para trepar, seguirían sanos y salvos, de la cerca, al otro lado (semejante a las cucañas de las ferias de verano); salvo que hundieran las vallas, no las podrían traspasar.

Dije yo: 'quizás se deba, lo cual no ha de ser extraño, a que el que inventó tal cosa no es gallego ni asturiano, pues estos, como es sabido, solucionaron de antaño la amenaza de roedores y también de la humedad, erigiendo, por sus tierras, sus típicas construcciones: hórreos que, adornando el campo, son incruentas soluciones, que alejan del suelo el grano y repelen los ratones, sin necesidad de esfuerzo ni tener que vigilar'.

Resumiendo: hay soluciones si se quisieran usar; que para cuidar fronteras, nos ganan los predadores y nosotros, 'homo sapiens', ni siquiera al Neandertal.

POST Nº 6 De las guerras ya pasadas

Hay la arraigada obsesión, en el común de las gentes, de mirar hacia el pasado y evitar mirar al frente: Desde estar interesados en saber si hubo Creación o si todo lo que existe surgió por Evolución –siendo esto, lo más lejano que les llega a interesar– cualquier cosa que aparezca es preciso investigar. Se hacen ingentes esfuerzos por destapar el pasado, de descubrir bajo tierra lo que el tiempo haya enterrado, por ver de dónde venimos sin saber adónde vamos: cualquier cosa ya olvidada se torna más importante que arreglar, desde el presente, el futuro inescrutable.

En ilustres institutos y universitarias cátedras, se imparten, desde hace tiempo, especiales enseñanzas para hacer especialistas, licenciados y doctores, que rebusquen sin descanso, con esfuerzos y sudores, hasta encontrar cuatro huesos o un colmillo retorcido, que los lleve a reconstruir, con tan menguados vestigios, toda la vida y milagros del más sorprendente bicho.

Al principio les bastaba con una pala y un pico, una espuerta, una escoba, una brocha o un cepillo, para ir desentrañando los misterios del pasado; pero al ir corriendo el tiempo y llegados nuestros días, ya hay mejores utensilios y nuevas tecnologías y ahora pueden, por ejemplo, sin hacer un agujero, saber por ecografía, qué se esconde bajo el suelo; emplean cámaras, por láser, orbitando por el cielo y escudriñan estructuras por montañas y por llanos; disponen de microscopios y de análisis por rayos, sean equis o ultravioletas, de luz blanca o infrarrojos; con esta espectrografía el bioquímico auxiliado, ahora puede averiguar a partir de los despojos, usando las partes blandas que de un hueso o diente queden, hasta hallar la filogenia a partir del ADN.

Después de tantos esfuerzos, con algunos sinsabores, ahora podemos saber –mil gracias a esos doctores– si se movían bajo tierra o reptaban por el suelo, si andaban a cuatro patas o volaban por el cielo, si eran bestias corredoras o tenían dedos por patas, si iban cubiertos de pelo o forrados con escamas o si andaban por las ramas o libaban de las flores o se aislaban con plumón y con plumas de colores.

Las cosas que he mencionado son de paleontología; para estudio de lo humano hay que usar la arqueología, una ciencia de 'entretiempos', que permite investigar temas de la prehistoria –sin escritura cabal– o confirmar lo de cierto que haya en la historia oficial. A más amplios horizontes se extienden sus cometidos, desde comprobar vestigios de pueblos ya fenecidos a intentar determinar si en la faz de este planeta, alguna otra humanidad hubo antes que la nuestra.

Tanta gente y tanto esfuerzo, responde al impulso humano de venerar el pasado y respetar su legado. Es sencillo comprobar, como yo hice, consultando, que a cualquiera que preguntes lo terminará alabando, ensalzando la importancia de tal investigación y cuán grande y positivo es exponerlo a visión. Mas, he aquí mi experiencia del Museo de Arqueología, donde pasé varias horas visitándolo un buen día: lo escuálida de la suma de los que allí vi presentes, superada varias veces por los del bar que había enfrente. Otra vez, al visitar el de Paleontología, tras llevar un largo rato contemplando sus vitrinas, de detrás de una de ellas llegó una voz que decía (una limpiadora a otras, con admirativa voz): '¡He visto un hombre en la sala! ¡Hoy ha venido un señor!'

Perdonen este preámbulo: ¡no deja de sorprenderme que se hurgue tanto el pasado, para que luego la gente no le preste la atención que tanto esfuerzo merece!

Mis coetáneos me mantienen un tanto desconcertado, si pregunto me responden que al morir ¡todo acabado!, que la vida solo cuenta desde el momento que naces hasta el día en que te vas y en medio el tiempo que paces. Es un contraste brutal este tiempo que vivimos, puesto que tras afirmar lo que más arriba digo, no cesan de reclamar sobre eventos del pasado, en los que ni unos ni otros, los que viven actualmente, tomaron arte ni parte ni jamás fueron presentes. Es algo que me recuerda cosas que pasan en pueblos, donde no importa nacer antes de morir el perro para que hereden el mote de su padre, 'mataperros'; y aunque no sepa moler, la mujer del molinero se convierte en molinera con el general consenso.

Así, por ejemplo, vemos a un gran jefe mejicano exigir, tras cinco siglos, por unos presuntos hechos (que fácil es comprender que a todos pillan muy lejos), que le pidamos perdón por algo de aquel pasado que, al parecer, fue hecho mal por algún antepasado que, en lógica, ha de ser más de él que serlo nuestro: ¡Juzguen por la antigüedad y el océano de en medio!

Y ahora, también salen otros, que ignoran o han olvidado, reclamando ciertos hechos por cosas de otro pasado: señalan la reconquista que emprendieron los cristianos, que hace más de cinco siglos ya que se había terminado. Les basta con esgrimir que las partes enfrentadas, eran distintas en lengua y en religión practicadas y porque aún siguen vivas las lenguas y religiones, se arrogan ciertos derechos por esas simples razones; hay descendientes de aquellos que perdieron las batallas, que perviven por aquí y a ellos también les reclaman. Además, se ha de añadir que olvidan, ladinamente, que ochocientos años antes, allá por el Guadalete, habíamos sido invadidos y los nuestros masacrados, sin mediar causa o motivo ni haberles amenazado.

Creo que quedará patente, con los ejemplos que he dado, que todo el mundo rebusca, sin parar, en el pasado, bien por hallar la verdad o bien para hacerse agravio y, por esto, reclamar que algo le han arrebatado (no importa que fuera a otros, según queda constatado).

En base a estas premisas, esta pobre humanidad, que anda engañándose a sí, cuando aclama la igualdad, que le reclama a los otros respeto a su libertad y que afirma sin tapujos amar la fraternidad, olvida esas dos caras que, como modernos 'Janos' –aunque sea inconscientemente–, todos nosotros portamos: ora somos enemigos ora, al girarnos, hermanos.

Por encima de todo eso, hoy lo que peor llevamos es llegarnos a creer y sentirnos obligados, a sentir como sintieran aquellos que nos dejaron (que seguro, con certeza, en nosotros ni pensaron): y hemos de amar lo que amaron u odiar lo que ellos odiaron, a iguales como nosotros, que de igual modo enseñaron. Montescos y Capuletos henchidos de ese odio vano, que no aporta soluciones para este mundo tirano; que ante el fuego del amor que amenace superarlo –o nuevas generaciones que no vean justificarlo– fuercen que sea constreñido, sofocado y apagado. Para esto es fundamental la memoria del pasado, da igual el momento histórico, sea próximo o sea lejano, pues ningún humano puede, lo desconocido odiarlo.

Y para dar conclusión a todo lo susodicho, digo, con toda razón, que comprender, no he podido, el porqué los descendientes de quienes han precedido, han de asumirse culpables sin haberlos conocido: Que la humana estupidez es algo descomedido.

POST Nº 7 De las gracietas del twitter

De no ha mucho para acá, en cuanto a tiempo pasado, voy notando, al pasear, a un público ensimismado. Para hacerme comprender, si es que bien no me he explicado, aquí explicito el porqué: antes lo veía estirado, que andaba con frente alzada, con la mirada arrogante, la barbilla adelantada, con aspecto desafiante como retando a la gente, supuestamente pedante, aunque, más posible, 'ausente'. Y tal como he dicho antes, hoy caminan cabizbajos casi todos los viandantes, mirando sus aparatos, de nombres tan variados: al principio eran teléfonos, móviles o celulares –inalámbricos, portátiles–, *ipads* en varias versiones, otras *tablets* y hasta *iphones*. Todo ese cambio de aspecto lo traen las redes sociales, que es el nombre que le han puesto a las redes digitales.

La que a mí menos me gusta, que ni he, tan siquiera, usado y que, al parecer, degustan la mayoría de usuarios, es la que llaman *el twitter* (que es, del inglés, un vocablo que significa 'gorjeo', según dice el diccionario). Semeja un nombre atractivo, que pareciera de agrado, de no ser porque al usarlo, tal como yo lo percibo, han logrado degradarlo y ahora parece un graznido. El que diseñó la red, debió de ser alguien sabio: al principio frases cortas que por *tweets* denominaron; como si fuera el piolar de polluelos u otros pájaros. Pero el uso popular parece haberle trocado su nombre por el de *twit*, del inglés otro vocablo, que significa estafermo (un muñeco o espantajo), sinónimo de embobado, alienado, adefesio, pasmarote o alelado.

Lo cual, me ha hecho recordar mi infancia, allá por el pueblo; en especial, los veranos parecían hacerse eternos, porque lo más divertido, no gozando de otros medios (aparte de algunos juegos, caso de hallar compañeros), era tumbarse a la siesta, a esperar a la llegada de días de feria o de fiesta.

Por tal de sobrellevar tan aburridas jornadas, bajo aquel sol de justicia que las calles vaciaba, a veces me personaba en casa de un buen amigo, que al lado tenía un taller que era de su tío político; en el taller –

de mecánica– pasamos buenos momentos, arreglando alguna cosa o intentando hacer inventos. Y si el calor apretaba, como además tenía huerto, abandonando la fragua nos salíamos al terreno: tenía zonas arboladas que buena sombra brindaban, naranjos y limoneros y uno de caquis (guayabas); un poco más apartadas, junto al muro de cemento, en el límite del río, en perfecto alineamiento, un conjunto de moreras de moras negras y blancas, que además de ofrecer sombra también sus frutos donaban.

Justo al salir del taller lo primero que encontrabas era un frondoso parral con doradas uvas blancas; para no tener que andar, por el calor del verano, debajo de aquel parral, al lado del bananero, quedábamos a la sombra, al olor del gallinero. Éste estaba en un nivel un par de metros más bajo; desde arriba podías ver las gallinas y los patos, con algún gallo altanero, conejos y algunos pavos.

Dada nuestra juventud o porque no lo pensábamos, mirando sus movimientos en tanto nos refrescábamos, sin querer, como quien dice, casi sin premeditarlo, centrábamos la atención sobre el conjunto de pavos, porque, como es bien sabido, todo parece excitarlos. Al menor ruido que hicieras iniciaban su diálogo: Gritabas ¡"paví, paví"!, respondían ¡"*gulú, gulú*"!; si lanzabas un silbido, "*gulú, gulú, glu, glu, glu*"; un pisotón en el suelo, y más del mismo "*gluglú*"; una tos, un estornudo, un simple chist, "*glugluglú*".

Al ir aquello *in crescendo*, en ruido y agitación, los pavos se iban hinchando como se infla un balón, erizándose sus plumas, a punto de un reventón, arrastrando las del ala y enhiestas las de la cola, y resoplando al compás del "*gluglú*", como marsopas, con sus crestas y sus cuellos fuertemente enrojecidos, toda aquella barahúnda semejaba un desatino. Y oyéndose mutuamente, 'discutían' entre ellos mismos.

En menos que canta un gallo –si con los pavos podía– se acababa aquel barullo más rápido que nacía, como por arte de magia, cuando aparecía su tía, allá arriba, en un balcón; desde allí nos reprendía.

Medio siglo ahora más tarde, había olvidado esos lances y ha sido el twitter dichoso que ha venido a recordarme a los pavos susodichos y el modo de comportarse; pues, de forma parecida, funciona la red social: pendientes de su aparato, anda siempre el personal, esperando algún descuido al actuar o al hablar, algún lapsus de memoria expresando una opinión, al repasar una historia o cualquier otra mención, un gesto, una sonrisa o un rictus visto a traición, que alguien siendo conocido o gozando de prestigio, realice desde los medios o ante más o menos público. Una coral de tuiteros se sentirán concernidos y empezaran a piolar como cucos en sus nidos, para atraer la atención de otros que, pendientes de ellos, incrementen el barullo para difundir defectos, intentando ser gracioso, ocurrente o justiciero, retuiteando mensajes, y hacerse eco en los medios.

Y como sea que no veo de esta barahúnda el final, me pregunto si hay balcones, desde donde regular el futuro que le espera a esta inane red social.

POST Nº 8 De los devaneos políticos

Nací cuando gobernaba, en España, un dictador y viví mi juventud en la misma situación. He oído relatar cosas de aquellos tiempos pasados, de personas a favor y desde el lado contrario, e incluso he leído libros con criterios encontrados. Sin embargo, reconozco que, aunque fueran tiempos malos, algo había a nuestro favor, pues todos teníamos claro que era fácil elegir, de dos posibilidades, cuál era la preferida, si querías posicionarte, conociendo bien sus gajes, sin temor a equivocarte.

Cuatro décadas ya hace que rige la democracia, de la que todos proclaman reconocer su eficacia; mas yo, como ahora me hallo en mi etapa de mayor, cuesta arriba se me hace aclarar mi confusión: como no hay que decidir entre formas de gobierno, sino elegir gobernantes, de ahí nace mi desconcierto, pues si antes, con solo uno, no nos poníamos de acuerdo, ¿cómo pretender ahora, con tantos, ir a buen puerto?

De entrada, se han agrupado por criterios definidos y, con ello, organizado como partidos políticos; a partir de ese momento, cualquier cosa que decida cada uno de esos grupos, es preciso que coincida con los criterios que rijan en el partido que opina. Por tanto, cualquier problema que tengan los gobernados, tendrá tantas soluciones como partidos votados.

Por eso, para ayudarnos a tomar las decisiones, los partidos se definen por lugares y colores; de este modo conocemos que unos se hallan a la izquierda, otros se ponen en medio y otros quedan a la diestra.

Si no sufres daltonismo y prefieres el color, para delegar tu voto sin cometer un error, tienes el azul de unos, el rojo de los contrarios, anaranjado entre ambos, verde en uno de los lados y al sitio opuesto el morado.

Y nace mi desconcierto a partir de este momento, pues, mirando desde atrás, me enfrento con la sorpresa de que inmóvil remanece el que en el centro se encuentra, la izquierda se vuelve diestra y la diestra se siniestra. Pienso que, desde la antípoda, igual resultado arroja, por lo que, en cuanto a sus sitios, lo mejor que se me antoja, al citar las posiciones, para poder orientarme, que, en lugar de hablar de manos, empleen puntos cardinales.

Dos cosas debo decir al respecto de colores, pues viéndolos situados en base a sus posiciones, parecen desconocer, de la luz, las refracciones y a la vista de cualquiera (sean físicos o pintores) se aprecia, desde ese aspecto, que se encuentran en desorden. Y el hecho de usar colores definiendo los partidos y ser tiempo de elecciones y también tiempo de Pascua, me ha retornado el recuerdo de algo de Semana Santa.

Durante las procesiones de ese tiempo, allá en mi pueblo, digamos de Viernes Santo por hacerlo más concreto, desfilan las cofradías, nazarenos y cofrades, acompañando carrozas plenas de adornos florales, portando cirios y velas, farolillos y fanales. Marchan cuatro cofradías acompañando al señor – uno, vestido de tal, que representa andar preso de un grupo de disfrazados de romanos, en silencio– cada una de las cuales porta su propio color, cubiertos con cucuruchos, con túnicas y con capas, caminando con fervor, mucho tiempo, por etapas. Y con sus cuatro colores, blanco, azul, negro y morado, acaban en el Calvario, con el mismo resultado que todo el mundo conoce y que sigue inalterado. Y al pensar que tanta gente reunida, según colores, después de cientos de años, no han resuelto sus dolores, volviendo a crucificarlo en medio de dos ladrones, no dejo de preguntarme que, si algo tan importante aún sigue sin resolverse ¿acaso podrá arreglarse aquello que nos prometen?

Perdonen mi tono irónico, excusen que así me exprese, pero es que pienso en político y el cuerpo se me estremece. Pues no ceso de pensar que, con lógicas contrarias, ¡¿cómo es posible llegar a las mismas circunstancias?!. Resuelven la economía, unos aumentando impuestos y sus contrarios afirman que bajarlos es lo más bueno. Que, con sueldos más precarios y despidos más baratos, correrán los empresarios a contratar más parados. Mejor aumentar salarios, porque al tener más dinero, correrán para gastarlo cual verdaderos posesos y al subir la economía, de nuevo, los empresarios saldrán escopeteados en busca de más parados. Y a las mismas conclusiones se llegan por ambas partes cuando se habla de reparto de la riqueza global: que si se suben impuestos se obtiene más bienestar, pero si, al contrario, bajan, más queda para gastar y a la larga repercute en que se recauda más. Y así van cuarenta años de andar Palante Patrás.

¿Y qué decir, ya que estamos, del tema de las pensiones? ¿Acaso se dará cuenta alguno de estos señores que el sistema que utilizan, el de las cotizaciones, proviene de aquellos tiempos tiranos y dictadores? En aquel tiempo pasado, sin impuestos a las rentas, los activos, cotizando, aportaban las pesetas precisas para sacar al pasivo de miserias. Hoy que somos europeos y no circulan pesetas, que nos gobiernan de fuera con euros y bagatelas, los dirigentes persisten en usar cotizaciones, para poderles pagar, a los pasivos, pensiones. Olvidando que no pueden dar trabajo a los parados, ni evitar que las empresas sigan automatizando los procesos de trabajo y los empleos cancelando. Y, al perder cotizaciones, no saben cómo arreglarlo, por más que algunos se empeñen en decirnos lo contrario.

En humildad, me permito desde este post recordaros que, si mis cotizaciones sostenían a jubilados, los impuestos por mis rentas eran sostén del Estado; así que, si no lográis incrementar el trabajo y faltan cotizaciones para obreros retirados, tendréis al fin que llamar, para dar un justo trato, al monto que sea preciso, del presupuesto estatal, complemento a cotizado y las pensiones pagar. Si esta simple solución aparenta ser compleja, quizás resulte más fácil apoyarse en la riqueza creada a nivel de Estado y, cambiando el sistema heredado del pasado, asignar, del presupuesto, el total necesitado para pagar las pensiones y ayudar a los parados.

No sé ni quiero mostrar saber más que los políticos –auxiliados por expertos doctores y economistas–; tan solo quiero, aportar estas ideas sugeridas, esperando que gobierne el más preparado equipo, capaz de hallar soluciones que a todo el mundo complazcan aunque, para ello, precisen algunas cosas cambiarlas.

POST Nº 9 De las profecías mundanas

A veces, leyendo un diario o viendo televisión, otras, oyendo la radio o asistiendo a una reunión, dando un paseo rutinario o valga sea la ocasión, puede verse, con frecuencia, que alguno un presagio lanza, contrapuesto a la evidencia, en general sin tardanza, sin tener don de videncia o dotes de adivinanza; un vaticinio o presagio, del futuro o del pasado, como un renacido oráculo, como un profeta frustrado.

El caso más conocido, que con más frecuencia observo, es el que ahora nomino el del "ochenta por ciento". Éste frecuenta los medios, apoyando algún consejo u ofrecimiento, de aquellos que intentaren convencernos, por torcer la voluntad en pro de sus decisiones o por hacernos llegar a acceder a sus razones. Ya que sonaría muy raro que hubiera unanimidad, cual país totalitario que permitiera votar, no ha de resultar extraño que el nivel del porcentaje, cuando precisan citarlo con cierta cautela bajen.

Es muy fácil conocer si el vaticinio está cerca, basta solo con prever que, ante una nueva propuesta de un personaje importante o entidad corporativa, antes que siete días pasen, nos mostrarán la noticia de que el ochenta por ciento la propuesta ratifica.

Dicen que un medicamento lo usa el ochenta por ciento; y, más del ochenta y cinco, se blanquean con tal dentífrico; que les gusta una cerveza, posiblemente, al noventa; y acaban con que un producto es, quizá, el mejor del mundo.

Semejante, algo ocurrió, en votaciones pasadas – en Octubre, un primer día– en que, la gente intentaba hacer unas votaciones que la autoridad vetaba. Por más que ellos pretendieran alcanzar la mayoría, ni tan siquiera lo hicieron, en asistencia, ese día, así que, solo lograron la mayoría que asistía. Y aunque fueron, porcentuando, menos votos del cincuenta, los promotores del acto aún afirman, con vehemencia, que, los que desean votar, son muchos más del ochenta.

Algo, también, ocurrió respectivo a la eutanasia; primero fue que pasó la deplorable desgracia, que a todo el mundo llegó por los medios informada; no bastó con que sufrieran ambos, sus protagonistas, que una vivir no quisiera y el otro no tenía vida; y puesto que no encontraban ni ayuda ni solución, entrambos, tras meditarlo, tomaron la decisión. Y después, todos aquellos que les negaban la ayuda, tras la acción que decidieron, rasgaron sus vestiduras; y juzgando como hombres cosas más altas que humanas, decidieron castigar al que actuó porque amaba. Y ventilaron los hechos por todo medio posible, hasta quedar satisfechos que fueran bien conocibles. Y después, pocas jornadas, como en casos precedentes, el noticiero anunciaba, a eutanasia referente, que ochenta por cien lograba del apoyo de las gentes.

En algunas ocasiones, el porcentaje se invierte si interesa promover algo, quizás no evidente. Es cosa que suele darse con el tráfico rodado y, observando, puede hallarse cuando somos informados del número de accidentes durante un periodo dado. No son pocos los momentos en que se escucha decir –lo que sigue es un supuesto– que, del total de accidentes de un tiempo determinado, el veinticinco por ciento quizás se hubiera librado de morir, siendo prudentes, respetando lo dispuesto respecto a velocidad y, aún más, añadido a eso, con el cinturón bien puesto se habrían podido salvar. Es de total evidencia, que se ha de ser buen profeta, para asegurar la vida del citado veinticinco, obviando que, del total, de ser la noticia cierta, con el cinturón bien puesto viajaba el setenta y cinco. Y es tan fuerte la opinión con respecto al cinturón, que recuerdo una ocasión en que, yendo en un furgón, que tuvo la mala suerte de sufrir un accidente, al perder la dirección y caerse por un puente, cuatro obreros que viajaban, contra el suelo se aplastaban, porque al caer dióse vuelta, el techo a la carretera y para arriba las ruedas: pues hablando del percance en la tele, el locutor añadió en ese instante, sin motivo ni razón, que los desafortunados viajaban sin cinturón.

Me gustaría señalar qué es lo que significa, pues la palabra accidente viene de *accidens* (latín) que, a su vez, viene del verbo *accidere,* que es decir, en español, 'caer encima', como cae cosa imprevista; siendo imposible prever, por lo tanto, tal suceso, como los viejos romanos, que en derecho eran expertos, ya dejaron definido con el susodicho verbo. Cuando la hora te llega no existe ningún remedio, sin importar que lo creas o en ello no estés de acuerdo; por tanto, ha de ser profeta quien quiera tener razón, para hacer que se convierta una recomendación, por mor de alguna certeza, en punible obligación; como también ser profeta, para poder ser sincero y decir sin ligereza que, al final de un año entero y en todas las carreteras, puniendo con duras penas se obtendrá "accidentes cero".

Y enlazando lo que digo al tema de la eutanasia, aunque quiera, no concibo cómo piensan los que mandan, pues los mismos que te multan para evitar accidentes, por otra parte, consultan, tras intentar convencerte, si estás dispuesto a aceptar que sea libre darse muerte.

Este hecho me da miedo, me preocupa y reconcome, al oír a los políticos lamentar que, las pensiones, cuesten tanto de pagar, por faltar trabajadores, por el número, en exceso, de personas jubiladas, haber muchas sin empleo y tan pocas colocadas.

Como yo no soy profeta y me falta su visión, no consigo darme cuenta de si existe relación, entre lo que he mencionado, el aborto al nasciturus, la eutanasia al desahuciado o algún viejo taciturno, altos índices de paro –da igual ser hombre o mujer– y el grupo de afortunados, que deberán sostener, con impuestos, cotizando y con el IVA también, el presupuesto de Estado y ser del viejo el sostén.

Y aún aspiro a que me muestren por qué ponen solo empeño para que en las carreteras no haya accidentes con muertos.

POST Nº 10 De gigantes y cabezudos

Es una desgracia mía que me viene de la infancia, pues, entonces, no entendía cosas que la gente ensalza; y ahora, tras pasar el tiempo, todavía hay unas cuantas que, con la vejez, no entiendo; tampoco entiendo la causa.

Una, que nunca he entendido, perdónenme que lo diga, son los desfiles festivos que en España se prodigan, seguidos de unas charangas o de bandas musicales, en que unas figuras danzan, cual hieráticas deidades; una costumbre extendida por muchas partes del mundo –hasta América Latina–, Gigantes y Cabezudos.

Hoy, como antaño, me asombra, cuando veo estas comitivas, que algunas personas, pocas, aparentan divertidas, sobre todo los que tocan las chiflainas y tambores; como también lo aparentan los que portan Cabezones, a juzgar por sus saltitos y frecuentes movimientos (sea por guardar equilibrio o por hacer aspavientos). El resto de las figuras, de tamaños gigantescos, andan con la compostura de un palo de barco inhiesto.

Multitudes, a los lados de las calles del desfile, miran serios y callados y alguno se ríe inclusive, observando mientras pasa, con su aparente alegría, la susodicha comparsa y toda la comitiva.

Lo siento mucho, mi hermano, que dirían nuestros parientes del otro lado del charco, yo he de aceptar que haya gentes que, viendo tales festejos, se sientan emocionados y hasta tengan sentimientos, intensos y sublimados, por infantiles recuerdos o vivencias del pasado; pero yo nunca sentí nada que me emocionara, desde el instante en que vi, en mi más ingenua infancia, a esas figuras grotescas que, ante mis ojos, danzaban, hasta ahora y hasta aquí, entrando en mi etapa anciana.

Quizás las cosas las vea con mente muy cartesiana, tanto, que haga que no pueda ver en las figuras nada que parezca divertido, aparte de la charanga de los músicos alegres que acompañan la pachanga –que en ciertos casos parece asemejarse a tangana–. Desde la primera vez que vi tales personajes, me parecieron grotescos, burlescos y extravagantes; si entonces no comprendí que querían representar, con aquellos cabezones, que fuera más que un burlar, ahora, pasados los años, viendo que todo anda igual, sigo sin verle la gracia a un cabezudo danzar.

Por lo que implica a los altos, personajes de Edad Media, muchos de ellos cortesanos, con su rey y con su reina, algún conde y su condesa, o gente del pueblo llano, molinero o molinera, un tendero, una ventera, otro portando palomas y alguno más con chistera; todos, más tiesos que un ajo después de un buen regadío, sin mirar a ningún lado como si hubieran perdido el interés por aquellos que a ellos los contemplan rígidos.

A lo más que me he llegado a aproximar, al mirarlos, es a poder compararlos con antiguos condenados que las películas muestran, atados o encadenados, transportados en carretas, con redobles de tambores, contemplados muy de cerca por gentes gritando a voces, soportando el vituperio en comitivas dantescas, hasta llegar a la horca, la guillotina o la hoguera. Quizás éste sea el motivo que no me deja apreciar la alegría o el regocijo que contenga el festival, que tanto valora el mundo y disfruta el paisanaje, al bailar los Cabezudos y agitarse los Gigantes.

Hace poco, pude ver por las calles de mi barrio, de nuevo, un desfile al paso y al contemplarlo, esta vez, con la intención de mirarlo sin pensar, con mente en blanco, con objeto de obtener su ulterior significado, finalmente, pude ver una sonrisa en mis labios. Fue, en parte, por las macanas que iban mostrando, a su paso, los jóvenes musicales con tambor, bombo y timbales y unas mozas que, agitando, sonaban sus panderetas y otras veces, golpeando a ritmo con sus baquetas.

Ellos lograron hacer que mi mente relajara y, en ese estado, noté, cosa que antes no notara, que todos los portadores de las gigantes figuras, a causa de la estructura de antiguos diseñadores, han de poner sus cabezas detrás de unas ventanillas, ocultadas a la vista por medio de redecillas y, desde allí dentro, prestan piernas y vista a la imagen; pude, entonces, percibir, del diseño, la torpeza, pues, al poner la cabeza al nivel de la entrepierna, terminé por sonreír, al haberme dado cuenta que el portador nos miraba desde el sitio que se mea ¿puede que gracioso sea? ¿Habré descubierto al fin el gracejo de la fiesta?

POST Nº 11 De muletillas y latiguillos

Al hablar de un macabro accidente, escuché que decía el locutor, repitiendo una frase frecuente, reiterada por televisión: que se debe *extremar la prudencia* y se debe *extremar la atención*, si se quiere bajar la frecuencia en siniestros de circulación. *Y es que* frases de uso corriente, se repiten como comezón, pareciendo servir de ingrediente o de apoyo, salva la ocasión, en informes de uso frecuente, en algunos reportes diarios, en la tele, la prensa o la radio y en la red Internet finalmente –el abuso contagia a la gente, hasta verse en algún tertuliano–.

La prudencia es una virtud, la primera de las cardinales, destinada a librarnos de males y llevarnos a la rectitud. Si le unimos a ella un rosario, añadimos alguna oración o con las otras tres la juntamos y extremamos también la atención, lo probable es que nos durmamos, como ocurre en cada ocasión en que todo el empeño ponemos y perdemos, sin más, la noción. Hace tiempo que pude aprender, sobre el arte de hipnotización, que es preciso, ante todo, saber obtener y atraer la atención de cualquiera que sea hipnotizado, *extremando* su concentración; así, atento y muy concentrado, desconecta de su derredor; es decir, quedará adormilado, sin prudencia y ajeno al control.

Desde aquí pido a los locutores, que se dejen de hablar de 'extremar' y, en su caso, digan *precauciones*, que es de más aplicabilidad; pues andar precavidos conviene, por igual carretera o ciudad, de igual modo si llegan de frente o quienquiera que venga detrás; ante avisos, señales y luces, intentando a otro adelantar, al momento de arribar a un cruce o pendientes de cualquier radar.

Desconozco si una muletilla o una frase hecha son frutos de azar, aunque pienso que quien la apostilla lo hace si es que apuesta por no cavilar. Hace tiempo, cuando trabajaba y algo redactaba de orden comercial, tenía un jefe que lo censuraba y que lo adaptaba a su estilo de hablar. Y por eso, también imagino que quien tenga un jefe que guste enmendar, usará su lenguaje manido tan pronto le hubiese prohibido pensar.

Sin embargo, pese a lo que digo hay frecuentes casos dignos de mención; como ejemplo, uno que hago y cito, aplicable a un auto o vale un camión.

Ocurre el asunto, de modo imprevisto, cuando en una cuesta para un conductor y, estando apeado, luego, de improviso, el freno se suelta y hacia atrás marchó. Que nadie se extrañe que, luego, relaten el hecho, añadiendo como explicación, que *'se llevó el auto todo por delante '*, referente a cuanto al bajar halló; y, a pesar que el hecho sea retrocediendo, un *'literalmente'* se unirá, probable, a que *'por delante todo se llevó'*, como para darle realce al evento sin cuenta tenida de la incorrección. *'Y es que'* dicha frase, *'llevar por delante'*, es muy socorrida en televisión, no importando fuera debido a un deslave, por una avenida de una inundación, un alud que baje desde la montaña, o ésta se colapse hacia un socavón, que sea un avión que del cielo caiga, que un tren descarrile o vuelque un camión.

Otra cosa, a veces, acaece cuando un reportero nos quiere contar, un desastre que en, ese momento, talmente lo tiene ubicado detrás; aquí entonces haciendo un alarde de usar el lenguaje de un modo vulgar, nos indica que *'se halla a su espalda'* o quizás mencione *'espaldas'* (plural); y se olvida de que el diccionario indica que 'a espaldas' es sin avisar.

Porque *'todo apunta'*, no hay que sospechar, nada se barrunta ni hay que imaginar; y *'no se descarta'* suelen anunciar, si dudan si pasa o no pasará.

Como todo esto es tema sabido y que el tiempo corre sin nada cambiar, no hablemos de fútbol ni de los partidos, que ahí sí que dejo tela por cortar.

Todo medio, consciente de ello, un Libro de Estilo suele preparar, aunque no se consiga con esto hacer culterano lo que es coloquial.

Me imagino que las frases hechas, muletillas o bien latiguillos, han nacido de lo popular, que su origen seguro se encuentra a partir de algo que ha acaecido y que el tiempo ha podido borrar. Nada importa que se tenga estudios, se aprobara la licenciatura o hasta incluso llegara a doctor; si aparecen como contertulios, se les puede olvidar la cultura y usar un lenguaje de menos valor.

POST Nº 12 Del día mundial de X

Cuando pensé en escribir algunas cuantas palabras con respecto a 'Día Mundial', ni el capítulo escogí ni tampoco me inclinaba por alguno en especial; y mi gran sorpresa fue, cuando me puse a buscar, que tantos días encontré que, elegir de cual versar, constataba cuán prolijo me tendría que resultar, de entre ellos, ver cuál elijo del calendario anual.

Monjas de la Caridad dirigían un parvulario en donde, a mi tierna edad, daba los primeros pasos; en el Domingo Mundial (o DOMUND) de las Misiones, aunque no tuvieras nada –que en posguerra éramos pobres– como *"ayuda a los negritos"*, nos pedían algunas *'perras'*; todos volvíamos provistos de algunas pocas monedas, *perrillas o perras gordas,* que entregábamos, ufanos, a nuestra maestra monja, que las ponía en una mano y, moviendo una palanca, las llevaba hasta la boca de una cabecita humana que allí, abierta, las coloca y el negrito se las traga. ¡Buena manera de usar de nuestra tierna inocencia; nos vaciaban el bolsillo lavándonos la conciencia!

Sesenta años atrás, en el pueblo no teníamos una diversión mejor, porque en verdad no había más que el cine, en el que solíamos gozar del technicolor. Que antes de éste, el blanco y negro, daba un aspecto muy tétrico y, por gracioso que fuera lo que en la pantalla viéramos, no parecía tan estético ni mucho nos divirtiera. De esa época recuerdo ahora, con cierta nostalgia, 'Las chicas de la Cruz Roja', con Luz Márquez (de mi pueblo) dentro de una lista amplia de artistas de antes, famosas. Quizás fuera un día mundial lo que el film representara, aunque allí no se indicara si el día se llamase tal; lo que de especial tenía, que resultaba curioso, es que unas chicas pedían dinero, en ayuda de otros. Al que aportaba su ayuda poníanle una pegatina, que me pareció una argucia para marcar la propina.

Más tarde, ya en Barcelona, por fin, me vine a encontrar en situación parecida frente a grupos de personas jóvenes que, sin parar, provistas de pegatinas, por tal que *"la bolsa sona"*, te pedían: para ayudar a la Sagrada Familia.

En mi etapa de estudiante, más pobre que una alpargata, cada año, contra el cáncer, también pedían que ayudara; una *"ayuda para el cáncer"* solían pedirme que diera; aunque *"ayuda contra él"* yo prefería que dijeran, porque me sonaba a burla que la ayuda pareciera para, al cáncer, darle fuerzas y que más gente sufriera. Y hasta a uno dije, irónico, que yo me pasaba el año, ayudándolo cual tonto, con mi tabaco fumando (según quien vendía, era bueno; según los médicos, malo: así, atado e inhalando, de invisible cuerda en medio y, en los extremos, halando, los que querían mi dinero).

En épocas sucesivas, por causas que no han al caso, otras jornadas y días íbanse multiplicando; todas teniendo en común, a poco que te fijaras, que a quien pedían eras tú, y que el dinero que dabas, debido al procedimiento que, aparte la pegatina, no había trazabilidad, después del ofrecimiento, ni podías saber dónde iba ni quien lo usaría al final (por tanto habrías de fiar de lo que aquellos decían; y así, todos, tan contentos, dando, igual que recibiendo; aunque bien dice el refrán, de los ancianos de pueblo, que, poco gana el que da y más el que anda pidiendo).

Hoy, en los tiempos que corren, a poco que estés atento, sabrás cómo es que proponen fijar un día de remedio, a favor de una desgracia, para dar a otros consuelo, apoyo a la democracia, cero discriminación, acabar la esclavitud, limpiarnos de corrupción, un día a favor de retretes o en lucha contra el alcohol (éste tuvo la virtud de traerlo a colación y que, de nuevo, recuerde la cuerda jalada a dos); por el hambre y la pobreza, tanto de niñas y niños (quizás los padres no cuentan, porque, tal vez, imagino, ni hambre pasan ni son pobres); por algunos colectivos, varios días por las mujeres y uno vi que era por hombres; otro, por felicidad y uno más, en pro de paz.

Con tal proliferación de días internacionales, mundiales y nacionales —no entro en consideración de agrupaciones locales, festejos y festivales, o la incontable legión de otros de menor alcance, sea por ejemplo, hermandades sosteniendo tradiciones, desfiles o procesiones, o colectas de otros lances—, en verdad no tiene el año tantos días como proclaman y tendrán ya que ir pensando en subdividir jornadas y así no resulte broma decir "Día de Tal y Cual", y sea normal ver personas que porten, en las solapas, más pegatinas pegadas que un militar con medallas.

Entre tantos días citados, yo no he logrado encontrar un día a Ricos dedicado, ni a personajes Políticos, Bancos o Grandes Empresas, ni a las Multinacionales; ni a la Alegría o la Concordia, religiones o conciencias o temas espirituales. Pues, reflexionando en ello, supongo será debido a que todos los propuestos, al contar con los bolsillos, cumplirían la condición –necesaria al definirlos– de ser capaz de ablandar, al exponerlos al mundo, moviéndolo a caridad, hasta el corazón más duro, ante el dolor o el destino de otros que, por mor de igual, se reflejen en sí mismo (como hace siglos, demuestra cualquier pobre pordiosero que sus penurias presenta por cualquier calle de pueblo).

El panorama que muestran –por acabar el resumen– la mayoría de estas fiestas (si es que fiestas se presumen), hoy me han hecho recordar aquellos días de mi infancia que, en un abrir y un cerrar, aquel negrito de arcilla, con su mano de palanca, como quien toma pastillas, las monedas se tragaba.

Y para finalizar, dirigiéndome a los pobres, en especial hacia aquellos que dicen negar a Dios y que no creen en el Cielo, que se hagan el favor de pensar, por un momento, que la vida es un zozobre, como dicen del Infierno: pues desde el día de nacer hasta el día en que se muere, trabajar y padecer, para ganar un dinero, que es necesario proveer; y algunos de modo artero, usando de ciertas artes de las que son muy expertos, llegarán a registrarte hasta el fondo del trastero o el sitio que hayas dispuesto para esconder tu dinero, hasta lograr que lo des, de tal modo, voluntario (sin contar con el que das de un modo más obligado). Y después de lo citado, quien llegue a final de mes quedándole saldo neto, que vaya frente al espejo y mirando, podrá ver a uno que es privilegiado.

POST Nº 13 Del juez de las gallinas

No he podido sustraerme de conocer la noticia que me presenta un diario y que es toda una primicia, que ha logrado sorprenderme: Parece ser un calvario para quien vive en ciudad y saliendo, se va al campo a hacer turismo rural, perder el clamor viario de los coches al rodar por el asfalto, bramando o haciendo el claxon sonar.

Dicho así es generalista, porque no es lo habitual; normalmente los turistas que van a un sitio rural, saben que cuando visitan un ambiente natural, lógico es que allí conviva todo tipo de animal; lo único que precisan es saber que lo normal, si es que un bicho brama o grita, no sea por amenazar.

Lo que ya no es tan corriente es que alguien se vaya al campo y que, en llegando, pretende del grillo acallar el canto; o el fragor de las cigarras en las jornadas calientes, o el del viento entre chaparras o el murmullo de la fuente. O el piar de gorriones o el trino de golondrinas o el chillido de aviones o el cacareo de gallinas.

Sin embargo, en este mundo hay gente de todo tipo, como ocurre en este asunto al que ahora me remito: en cierto sitio asturiano existe un hotel rural donde van, de tanto en tanto, personas de la ciudad, para gozar del encanto de la vida natural (esto, al menos, es lo sensato que se debiera esperar).

Puesto que de hotel se trata, de un pueblo en medio del campo, y no dicen ser posada de las de catre o camastro, será construcción reciente, como quien dice 'obra nueva' –el diario no lo advierte cuando la noticia cuenta–. Tampoco nos enteramos de si dicho hotel rural fuera, nuevo o restaurado, antes o después que el corral que, cerca de él, sospechamos se ha tenido que ubicar (deducido del relato de la noticia oficial).

Cualquier persona sensata que en tal hotel se alojara, tras una noche serena en el silencio del campo, cuando ya el alba clarea y de un gallo sienta el canto, con su arrogancia soberbia, el nuevo día saludando, si ve que no se emociona con ese recuerdo atávico que, en general, conmociona cual reviviendo pasados, tal vez deba detenerse y pensar, por un instante, hasta poder convencerse que, quizás, sea un disparate que de la ciudad se aleje si no sabe relajarse. Y esto fue lo que pasó con el pobre gallinero por causa de quien llegó en pos de total silencio, que en el hotel no encontró, pues sería de cementerio.

Y el reloj de la mañana del campo cantó la hora, que en oídos con resaca sonaría como una bomba, pues si no, no encuentro forma de que el canto, por ser breve, haya un tímpano que rompa, salvo que a alguno despierte.

Como son tiempos tan locos en que a nada se renuncia, debió suponerle poco correr y hacer la denuncia, de haber sido despertado en hora muy intempestiva –quizás por lo trasnochado tras una noche festiva–; todos saben en el campo, y practican las gallinas, que acostándose temprano, en cama, con sol no hay cita: Que hora intempestiva haya no lo termino de ver; pues, si vas de la ciudad al campo, has de saber que el rocío de la mañana, en el campo, es un placer.

Quien aceptó la denuncia para más tarde juzgar (y claramente renuncia al derecho natural), cuando sentencia pronuncia, según la ley positiva, al gallo, que es animal, lo trata como a bocina, viendo la sonoridad y decibelios del canto, como si fuera altavoz regulable con un mando, la sirena de un vapor o de un tren fuera silbato. Si de juzgar fue capaz lo que nadie juzgaría, aunque pudiera portar toga cual él la tenía, debió de aclarar el hecho, usando su autoridad, si era primero el derecho del hotel o del corral; pues al mezclar animales, en derecho, con personas, habrá también que escucharles si, cuando éstas trasnochan, las gallinas se despiertan con sobresalto, a deshoras, y de poner huevos dejan del ruido que ocasionan. Y quizás que, de esta forma, a todos señalaría ¿qué es primero, que uno duerma o el huevo de la gallina?

Si tal obrar se extendiera por todas las poblaciones, es muy posible que hubiera que pensar el campo aislar o hallar otras soluciones –¿poner las casas rurales en medio de la ciudad?– para que los animales mantengan su libertad, de mugir cuando les plazca, balar, ladrar, rebuznar, piar, trinar, dar graznidos, barritar o dar rugidos y también cacarear.

Repletos de despropósitos son estos tiempos tan locos, altamente peligrosos al que nazca justo y sabio: al primer descuido, al punto, presa será de un sofoco o náufrago en un profundo océano de desamparo.

POST Nº 14 De los delitos pequeños

Rimando "El Ropavejero", escribió Félix Florián, y así dijo: "*Aprende Juan*, no existe ahorro pequeño". Mas de delitos hablando, siempre delitos serán, pero estarán escalados según sea su gravedad; pásale igual que al pecado que, como tal, se verá, aunque variando en tamaño, entre mortal y venial.

Porque, al medir, los humanos usan varas diferentes, según si hacia aquí midamos o se mida hacia allá enfrente. Por eso, todos a una, cuando su conciencia juzgan, hallan leve su pecado y nadie se apesadumbra. Y si, juzgando a los otros, analizan sus defectos, antes que viga en el propio, ven la mota en ojo ajeno.

Dedúcese de lo cual, que lo bueno es siempre grande; pero con respecto al mal, éste puede graduarse. Lo cual da, por resultado, un abanico de opciones, que permiten al humano evitar preocupaciones, inclusive en el respeto; ved, si no, que una obra buena siempre impulsará hacia el Cielo y por leve que parezca, no es posible que lo fuera. Mas, no es seguro el Infierno, por grande que sea el pecado, si uno se mantiene atento y, al morir, se ha confesado; y si el pecado es ligero, aunque confesión no haga, del purgatorio, un lavado, hará que el alma se vaya encaminada hacia el cielo; si es grave, por el contrario, el pecador retractado tampoco verá el infierno: en el mismo purgatorio recibirá el tratamiento (chapa, pintura y lavado) y de allí al cielo directo.

Entonces ¿quién va al Infierno?, reflexiono y me pregunto. Por lo dicho, pocos, creo; sin embargo, todo el mundo, vive como acobardado por lo incierto del futuro que implica la condición del óleo y la contrición, sin poder tener seguro que llegue a tiempo el perdón. Pero el mal ya se ha asentado en lo profundo del alma y el mundo sigue rodando sin pensar en el mañana.

Por todo lo susodicho, lo que presiento más raro, como Diógenes dijo, es tropezar con honrados de acendrada rectitud y en sinceridad forjados; mantener esa actitud en todo momento, es duro, ante tanta tentación y tan frecuente, del mundo; que pocos los santos son que las sorteen a menudo.

Parémonos un momento, quisiera hacer un inciso: Escribiendo sobre esto, inspirado me he sentido al intuir que es un truco, una argucia de este mundo para mantenernos presos sin mostrar sus subterfugios. Y así, todo aquel que quiera escapar de su asechanza, tendrá muy dura tarea, que exige mucha esperanza, hasta que pueda dejar el mundo, sin portar mancha.

De acuerdo con el preámbulo y superado el inciso, algo se verá más claro si torno a hablar de delitos. Si Aquel que todo lo ve nos perdona con dulzura, qué policía o qué juez podrá tener mano dura contra cualquier delincuente que enseguida se arrepiente o, si no está arrepentido, leve sea lo delinquido. ¿No es ése el ejemplo, acaso, que en moral nos han mostrado?

En verdad, justo sería; pero en tema de juzgar, al ser ciega la justicia y no poder valorar correctamente el agravio o injuria que se ha infligido, con el mismo correctivo de un caso en particular, resultará para uno, injusto por cortedad o excesivo para otro, que lo mide desde allá.

Para ilustrar lo que digo, un ejemplo pondré, extremo; si alguien te hurta o te roba ese monedero viejo, en el que llevas ahora el total de tu dinero, para comprar medicinas a un familiar muy enfermo, en el remoto supuesto de que fuera detenido y, antes de haberlo soltado, juzgado por su delito, hay la posibilidad hasta de que sea librado por la poca cantidad que suponga lo robado o reincidente no es o dice que se arrepiente. Podría darse el caso extremo, de que tornen tu dinero y, saliendo del juzgado, vayas corriendo primero a comprar las medicinas para aquel que estuvo enfermo, y ya no espera ni opina si fue o no, justo el proceso.

He dicho que es caso extremo, como tal así lo expreso; pero los casos corrientes -que, sobre ello, son frecuentes- obviando celeridad, a éste pueden parecerse; pues, si saliendo del banco, alguien roba tu pensión y nada tienes ahorrado para su sustitución, irás el mes, aumentando, con ayuno y abstinencia, tus méritos para el cielo, que puede que tengas cerca. En tanto, el pobre ladrón, condenándose al infierno, insensible a tu dolor, seguro saldrá corriendo a gastarse, en un suspiro, lo que a ti tanto te cuesta, en perdición y otros vicios de los muchos que se encuentran.

Son muchas, justificando, las excusas que nos cuentan, sin alcanzar a librarnos de vagos y sinvergüenzas, y al decir estas palabras no miréis hacia mi mano, que no quiero que sepáis hacia qué lado señalo.

Ya que hoy se mide todo con el dinero maldito, comprenderán que no voto que la policía se aumente para perseguir delitos, ni crezca el total de jueces, ni juzgados ni prisiones; creo que sería suficiente que mi país subscribiera un seguro permanente, que los desastres cubriera, indemnizaciones, pérdidas y daños que resultaran por causa de delincuentes. Para el seguro pagar, se debería aprovechar todo lo recuperado por haber pronto actuado la policía diligente y el juez; tan rápidamente que, pese a que el delincuente no acabe entrando en prisión, se encuentre necesitado, al andar más vigilado, de dejar su profesión.

POST Nº 15 Del cuco okupa

En un descuido que tuvo un ingenuo gorrión, en su nido se coló una cuca y puso un huevo. Para ocultar a sus ojos la astucia de la jugada, comió uno de los otros porque así el total cuadraba. Por creer el gorrión sólo en pájaros decentes, del huevo no sospechó, lo aceptó tranquilamente; y, al igual que con los otros, salidos de sus entrañas, a éste también lo incubó ignorando la artimaña.

El cuco nada construye, como de todos es sabido; usa el nido de otras aves de menor porte que él mismo. El que nace de este modo y en el nido se aposenta, luego elimina a los otros y de su nido se adueña. Y no con eso conforme, obliga a sus propietarios a que le presten soporte y provean lo necesario.

Lo que acabo de narrarles es, de suyo, muy frecuente y, de igual modo que en aves, también se da entre la gente. Lo que hace el cuco común con varios tipos de aves, no es un tema de actitud sino instinto de animales; si bien hemos de entenderlo porque son irracionales, que cometen esos hechos por tendencias naturales, no debemos admitirlo entre seres racionales que, en pos del mismo designio, usan métodos legales.

Como ocurre con los cucos, ciertas leyes temporales permiten poner los 'huevos' en ajenas propiedades, lo cual suele suceder cuando los dueños se ausentan, los cuales luego, al volver, dentro algún cuco se encuentran. Como aquellos con los nidos, estos usan igual truco, echan al dueño legítimo y claman que el nido es suyo.

El gorrión del ejemplo, se ve obligado a buscar con tesón el alimento para al cuco alimentar, hasta perder el aliento, sin saber cómo evitar haberse vuelto instrumento de la cuca y su maldad.

Entiendan por cuca, leyes, quizás tan alambicadas que en sus fueros no disciernen a invasora y propietaria. Me asombra que sea posible que, al tiempo de legislar, presuntos inteligentes, dispongan lo que legislen de modo poco cabal y constriñan a los jueces, que pretendan ser honestos, a actuar como si fuesen meros cucos justicieros, que protejan las nidadas sabiendo que hay huevo ajeno.

Si algún individuo avieso entra a una casa a robar, cosas que rebusque dentro –joyas, dinero u objetos– para enseguida marchar, estando ausentes los dueños o aprovechando un descuido, de la ley le caerá el peso, caso de ser detenido. De morada allanamiento, escalo, nocturnidad, de la entrada forzamiento, si tuvo que utilizar fuerza o apalancamiento en el intento de entrar, robo, hurto o sustracción según el caso proceda, también premeditación y hasta puede que le sea aplicada alevosía, reincidencia y agravantes, en función de la cuantía y aspectos concomitantes.

Parece ser diferente entrar, tan solo a robar un poco de lo que encuentren, que quedarse en el hogar, estando su dueño ausente, usurpando propiedad, contenido y continente, y hacer uso del total; y cuando el dueño pretende su nido recuperar, como no sea diligente y astuto para actuar, puede que alguien le aconseje que se ande con cuidado, que entrar en casa no intente para echar a los que entraron, porque el peso de la ley, tornará contra sí mismo (que es ciega, en esto veréis); no corte los suministros de servicios del hogar, ni lo haga de modo físico ni dejando de pagar; lo cual es el modo implícito en que la ley reconoce, de cierto, al dueño del piso y, a pesar de ello, protege al cuco que se ha metido.

Y es posible que si el dueño llega a ponerse nervioso, a no conciliar el sueño urgido por el agobio de verse fuera de casa, sin ajuar ni posesiones, documentos, fotos, cartas, sus recuerdos y emociones, y ante la justicia ciega –añadamos también, lenta– con su propia mano quiera imponer la ley por fuerza, acabe en un calabozo, por otra ley condenado, por motivo del acoso contra aquel que le ha quitado, antes, sus derechos propios; y verse luego forzado a esperar, mientras le obligan, siendo él perjudicado, a demostrar ante jueces (y fuerzas policiales, responsables de evitarle sufrir semejante lance) que es dueño a cartas cabales. De este modo tan astuto, cuyo origen está en el cuco, acaba siendo presunto aquel que, siendo inocente, fue instigado de repente, por la ley, a defenderse; y el que causó el incidente, será presunto inocente hasta que el dueño demuestre que ha ocurrido lo contrario y que él es el agraviado.

Estos líos con los derechos no encuentro quienes me aclaren; de la vivienda, al respecto, no entienden de prioridades, que expulsado antes el dueño, se protege al que lo echare; y caso omiso se hace a la propiedad privada, a incontables años de esfuerzo, de jornadas trabajadas, cumpliendo con los impuestos, que a todos la ley reclama, para hacerse de un hogar que luego, ominosamente, cualquier personaje cuco le arrebate de repente; y aquellos que 'in vigilando' debieran de proteger el hogar, no abandonado, de quien les da de comer, a través de los impuestos que paga por su trabajo, que activa la economía mientras sostiene al estado, le acucian, según parece, por fuerza, a ser solidario con algún pobre indigente que ha de ser pobre taimado que, sin dudar un momento, con astucia se ha colado, para usurparle el derecho y encerrarlo con candado.

Llama, el dieciocho dos, inviolable el domicilio en nuestra Constitución. Ni entrada o registro en él, jamás nadie podrá hacer sin haber consentimiento previo de su titular, resolución judicial o haya un flagrante delito. Es, pues, digno de admirar cómo, la astucia del cuco, puede hacer obnubilar lo que dicta dicho artículo; algunas leyes vigentes, de menor rango legal, haber nacido, parecen, sufriendo del mismo mal, con los medios preventivos, en garantía de lo dicho, o al aplicarlas después, algo laxas, ante el delito, que la ley fundamental en derecho ha definido.

POST Nº 16 De la humana inteligencia

Que el hombre es inteligente –entiendan, hombre y mujer– es muy cierto y evidente; demostrar no es menester. Lo que no queda aclarado, a mi modo de entender, es cómo, tras el reparto, cada cual ve su nivel. Mi experiencia me ha enseñado que, al común de los mortales, en cuestión de inteligencia, le cuesta ver las señales: esto ocurre en ciertos casos, que haberlos hay y se dan, en que ante un superdotado que actúe con normalidad, si con otros no alardea de su gran capacidad, casi todos, al tratarlo, puede que lo juzguen mal y de su nivel, más alto, lo tiendan a rebajar.

Pues la humana inteligencia, que no es algo excepcional, porque otros seres la tienen variable en cantidad, suele atraer la soberbia en modo proporcional, salvo que de forma inversa –si una es menos la otra es más–; de ese modo, uno se encuentra ante gente inteligente que, si es mucho, no lo muestra, no suele hacerla evidente, para quien quiera evaluarla desde un escalón más bajo; para poder apreciar de una montaña su altura, mirar de la cima a abajo es mejor que de llanura.

Esta simple circunstancia, tan sencilla, que se olvida, es la que induce a la gente a creerse, cuando opina, en derecho de juzgar los actos de los demás, pensando que lo que rige, de los otros, la conciencia, su grado de inteligencia, como mucho, llega a ras de la propia, que dirige la forma de auto-pensar. Esta es una reflexión que, a mi coleto, me hago, a modo de explicación de cuanto, en los medios, hallo: miríadas de comentarios sin pudor, que hace la gente, refiriendo cada cual lo que sea que haga el de enfrente, sin detenerse a pensar quién es más inteligente, el primero que hace algo o el que lo juzga y no entiende.

Y cuantas veces coincidan en cualquier tipo de asunto y por más veces repitan, no se bajarán del burro; que esto es algo peculiar que a todos nos acompaña, que a otros podemos juzgar, de modo leve o con saña, sin, por asomo, aceptar que no es posible que tantos se empeñen en no acertar o no vean lo que es tan claro. Quien crea que la inteligencia se reparte por igual, que abandone la soberbia y practique la humildad, hasta que al fin se percate que, sola, la inteligencia, no es algo que te proteja de quien quiera manejarte.

Esto es algo peculiar del tener inteligencia: si alguien llega a convencerte de cualquier cosa que sea, burda o fina, falsa o cierta, tu mente la asumirá grabándola en tu conciencia, bloqueando subsiguientes correcciones o advertencias. Frente a esta tesitura, suele resultar normal que, en vez de plantearse dudas, se encuentre más natural buscar a iguales que sigan la misma línea mental, para hacer con ellos piña, afirmar la identidad, usar señales o símbolos que aumenten la afinidad; presos de ese torbellino, como un delirio fatal, pueden quedar embaucados y en ocasiones, llegar a extremos inesperados, para bien o para mal.

Pese a cuanto he redactado, puede no quedar patente que, en mayor o menor grado, todos absolutamente, nos movemos maniatados, ligados por nuestras mentes que, desde la propia cuna, hasta los que más nos quieren a moldearlas ayudan y con ella, el inconsciente. Por tanto, nos encontramos con corrientes, por doquier, que llaman de pensamiento –

no me pregunten porqué si, en general, no pensamos–, aunque, de convencimiento, sería mejor que llamáramos, pues, al movernos en grupo, lo cómodo es no pensar, que haga de líder alguno que se encargue de mostrar lo que conviene al conjunto: aceptamos convencidos de que, si se piensa igual, no ha de ser malo el camino, ni su destino final.

[Félix María de Samaniego, ya lo dijo con acierto: *"A un panal de rica miel, dos mil moscas acudieron, que por golosas murieron presas de patas en él"*]

Esta potencia del alma, es decir la inteligencia, la humanidad la reclama como su propia conciencia y, a veces, llega a olvidarse de que cualquier animal también goza, por su parte, de inteligencia grupal; el considerarla instinto, nos dejará más conformes: que sepan hacer colmenas o termiteros enormes, con su aire acondicionado, despensas y guarderías donde cuidar a sus larvas, igual abejas que hormigas (éstas también tienen huertos que cultivan por sí mismas); si prestamos atención al total de las especies, cuando hagan demostración del instinto que las mueve, veréis que, sin excepción, todos tienen sus cobijos, bien sea que buscando encuentren o los hagan por sí mismos: cubiles y madrigueras y los pájaros sus nidos, en el suelo o sobre ramas y hasta colgantes de un hilo, que sin manos ni telar con el pico habrán tejido.

Prefiero pensar que tienen inteligencia, no instinto, solo que nadie comprende cómo actúa su mecanismo; y como dije hace poco, solemos decir instinto con objeto de no ahondar ni hurgar buscando sentido. Así que, si alguien nos dice, como hizo Darwin (Don Charles), que, el origen de una especie y su instinto, es por azar ¿cómo podrá demostrarnos que no hay una ley natural, que dirige inexorable la formación del instinto, en conjunción con la especie, ambas cosas al unísono? Pido que reflexionéis: no habrá azar, si hay norma o ley.

Por tal de no ser tedioso y a modo de despedida, quisiera dejar constancia de algo que a veces se olvida: se piensa que el estudioso que va a la Universidad, gozará de inteligencia, mayor que cualquier mortal que, según sus circunstancias, no haya podido estudiar. Por ignorancia o error, que es la memoria, olvidamos, lo que se hace necesario, si aprendes una lección; salvo casos de excepción, en la mayoría de títulos, desde el más bajo a doctor, para adquirirlo es preciso demostrar habilidades, sean propias o bien de *'papá'*; recibir aprendizaje –que es algo que nos darán, del saber acumulado, de años de universidad–

y demostrar que recuerda todo lo que le enseñaron. Para esto, es necesario tener cierta inteligencia, pero como, al evaluarlos, no se atiende a esta potencia del alma, sino a memoria y al esfuerzo o voluntad, lo que se debe esperar, cuando consigan su título, es que, llamándose igual, lo usen de modo distinto (Lo diré de otra manera para que el lector me entienda: pueden hallarse doctores, iguales, en medicina, unos, duchos en dolores, otros, cuyo error entierra y otros, cuando Dios permita, podrán salvarnos la vida).

Así que no os ufanéis ante ese humilde ignorante, cuyo camino de vida lo llevó donde lo hallasteis, que no gozó de la suerte de vuestros aprendizajes; quizás sea de inteligente tal que aquel que lo mirare; sin que resulte evidente, como ya dije al principio, cómo de alta es la pendiente, desde el fondo del abismo.

POST Nº 17 De lazos y otros colgajos

Hace millones de años, siendo simios cuadrumanos, igual que niños a gatas, a cuatro manos andábamos –por no decir cuatro patas–. Hasta los niños de pecho, por completo iban cubiertos, de los pies a la cabeza, de largos y espesos pelos que ocultaban las vergüenzas. En tiempos tan primitivos, ni queriendo habrían podido andar con los pies descalzos, por el sencillo motivo de que sus pies eran manos. Recubiertos por melenas y tupidas pelambreras, se enfrentaban al frío invierno y al verano, aunque éste fuera ardiente como un infierno. Durante largos milenios de evolución que siguieron, sus aspectos cambiaban, se iban perdiendo los pelos y las pieles se aclaraban. Antes o al tiempo de ello, erguidos habríanse puesto sobre las manos traseras, logrando por fin ser diestros usando las delanteras. Y en algún momento dado, con dos pies y con dos manos, desgreñados y salvajes, sus semejanzas de humanos empezarían a notarse.

Podría ser que, por entonces, se pintaran cual fantoches, se pusieran tatuajes y en melenas y bigotes trenzas y adornos florales; aprendieran a emplumarse, las orejas agujerearse, perforarse las narices que un hueso las traspasase, y de tal modo lucirse. No sé qué fuera primero, si cubrirse con plumeros sus engreñadas cabezas o adornarse con trofeos de enemigas cabelleras. Aunque me cabe opinar, mirando ahora hacia atrás, que fuese, por ese tiempo, que una insulsa humanidad, su amanecer dio comienzo.

Me maravilla que hubiera (sin que títulos se dieran) pintores o grafiteros, que pintaran las cavernas, con tal arte y tanto esmero y realista precisión, que sostengo la opinión, que serían retribuidos por la pesada misión de decorar los recintos. Por ello, en mi fuero interno, más que opinar, yo sospecho que un catálogo pintaran, para que después, el pueblo, con el dedo señalara, según que hambre se tuviera o grandes fríos se sufrieran, si votarían por el guiso o los osos prefirieran para hacerse los abrigos. Tal vez entonces naciera la conocida manera de alzar la mano al votar y la imagen que eligieran con los dedos señalar. Puede que no sea evidente, viéndolo desde el presente, que así ocurriera el proceso; pero, observando a la gente, otra explicación no encuentro.

Pasaron miles de años, en que siguieron los cambios del enfriamiento global, resultando necesario, para poderse abrigar, aprender la curtición, desde el oso hasta el visón, a rapar a los ovinos e hilar luego su vellón, tejer con hilo de lino y hacer telas delicadas, hacer botas y sandalias, y guantes para las manos y otras prendas necesarias, en invierno y en verano. Usando agujas de hueso con finas tiras de cuero, nacieron las costureras que, cosiendo con ingenio, componían las vestimentas. No ha de ser cosa de duda que, sabiendo hacer pintura, poco debieron tardar en unirla a la costura y las telas decorar. Y en esos tiempos lejanos, agarrados de la mano, costureras y pintores, a la moda dieron paso, con tejidos de colores.

Al ir el cuerpo cubierto con telas, por faltar pelo, pudieron diferenciarse de las gentes de otros pueblos, llegando así a uniformarse; tal vez por eso, fue entrando, en la mente del humano, usar color sobre telas, con el fin de ir conjuntando las distintas vestimentas. Y ya entrados en faena, encontraron la manera de darles otros empleos y pintaron sobre telas para sacarles provecho.

Antiguamente, los jefes, para dirigir sus huestes, hacían portar largas perchas por los que iban al frente y que todos las siguieran; entre bosques y praderas, veíanse las cabelleras desde lejos, que colgaban, con huesos y calaveras y penachos que llevaban. Desconozco si fue el peso o el olor de aquellos huesos por el tiempo carcomidos que aquello quedó obsoleto y presto substituido por telas ornamentadas con sus símbolos, pintadas, valoradas obras de arte, por el pueblo respetadas: las banderas y estandartes. Gallardetes y guiones, simpecados y pendones, fueron luego apareciendo, con diferentes misiones que se fueron añadiendo: para fines militares, otras para hacer señales, mostrar respeto y honor; y, en circunstancias fatales, proclamar luto y dolor.

'Lo que se aprende en la cuna se lleva a la sepultura', dice el saber popular ¿no fuera así, por ventura, que nació la humanidad? De antiguos tiempos oscuros proceden, según presumo, toda moda y aspaviento, que, en el siglo veintiuno, nos tienda a desigualar: si no, no encuentro sentido que un colorido tejido, sea de luminoso blanco o de colores teñido, pueda emocionarla tanto, que, olvidando la igualdad de su origen ancestral, se agrupen siguiendo gustos, despreciando cada cual, colores que no sean suyos. No me refiero a banderas sino a cosas menos serias, como son telas y lazos, que algunas gentes se cuelgan, por afecto o por rechazo, queriendo darle al objeto el valor de un sentimiento, para bien o para mal, por amor o por desprecio, de manera impersonal. Y, viéndose concernidos los presuntos aludidos, al observar esas muestras, las asumen zaheridos por pretendidas ofensas.

Igualdad y libertad y también fraternidad, hay quien clama a boca llena, al compás de despreciar u odiar a gentes ajenas. Porque, llegando al presente, la mayoría de la gente aún se mira de reojo, creyendo que, en ADN, sean mejores unos que otros; y colocan sus señales, como antiguos carcamales, enfrentados en conflictos, siendo, cual simios salvajes, ciegos de odio despectivo.

POST Nº 18 De miscelánea variopinta

En algún lugar gallego, por tierras composte-
lanas, las mujeres decidieron, contra el
hombre, alzar la vara. Antes de entrar en detalle de
la historia, que otros cuentan, quizás deba comen-
tarles el origen de esa gesta. Al parecer, todo viene
de pretender la igualdad, que algunas mujeres
quieren de forma muy peculiar; no pueden vivir sin
hombres, como ellas mismas demuestran, pero que a
nadie le asombre que, a los hombres, aborrezcan; si
pudieran decidir aquello que más desean, quizás que
lo de parir no sea lo que ellas prefieran, pues si
piden, de verdad, a los hombres ser iguales, del
cuerpo habrán de sacar los rasgos diferenciales; pero
la naturaleza, que es de sabia más que nadie, incor-
poró diferencias para hacernos soportables. Si no,
imagínense, un mundo solo de hombres: eso podría
parecer un bosque espeso de robles; mas, si piensan,
al contrario, que solo mujeres viven, ese mundo

imaginario sería como selva virgen. A pesar de que pretendan por los sexos separarnos, será preciso que aprendan que estos son complementarios y, cual los imanes hacen, porque son ferromagnéticos, de cerca y lejos se atraen como los polos opuestos.

Algún personaje oscuro, o en plural si fueran varios, sabe que, cuando no es uno, el rival, como adversario, llevará las de ganar si es que contra el mismo lucha, lo que me hace sospechar qué mente, al hombre, subyuga; y al decir hombre comprendo a todo el género humano y, al que lo ataca, presiento como un abyecto villano, dándome igual si carece de sexo, como sospecho, pues pienso que hay una mente maligna tras todo eso. Por si llegan a dudar, según consta en lo antedicho, recuerden eso de amar a otros como a sí mismo; o el "amaos unos a otros como yo os he amado", que porta el amor más noble de Aquel que nos ha creado. Si aquel que no vive en Dios, está en su lado contrario, el que desprecie el Amor en sí lleva su pecado, no valiéndole exclamar 'si no creo, no pasa nada', que sería como afirmar que es el odio el que aquí manda. Si los que ostentan poder apoyan la tontería (incapaces de entender o por intención nociva), que sepan que el mal sembrado, será como la cizaña y el modo de erradicarlo, ha de ser fuego y guadaña. Y después de dicho esto, le daré fin al relato, sin saber si es falso o cierto lo que el medio ha publicado: parece ser que, en un pueblo de la querida Galicia, unas feministas dieron, ciegas de odio, una paliza a unos hombres que acudieron con intención de apoyarlas; por machistas adujeron o por, como hombres, mirarlas.

* * * * * *

Aunque el mundo no lo crea, el orgullo no es virtud, dado que si virtud fuera, como a otras, le sucediera y cambiaría la actitud. Anda el mundo desquiciado, cada vez más compulsivo, no importa cuál sea el pecado ni cuán grande sea su grado, para ser de alguien seguido. La cosa más inocente, puede terminar por ser, en el común de la gente que viva ajena a su mente, algo digno de temer. Solo miren las noticias que, comúnmente, nos muestran; es constante la sevicia e inhumanidad infinita que en su contenido enseñan. Ni siquiera las primicias, que se consideran buenas, se libran de la inmundicia o de la humana injusticia, que no les resulta ajenas.

No importa hacia donde mires si naciste hace tiempo; posiblemente suspires y secretamente aspires a que se inviertan los hechos. También puede ser posible que ahora aguardes en silencio, con el ánimo apacible, la promesa comprensible de que, al fin, habrá un remedio. No habría de desanimarnos la extendida ineptitud a la hora de gobernarnos y para vencer, armarnos con consciente rectitud. Pues no existe fuerza humana más grande y más poderosa que un grupo de mentes sanas unidas en la esperanza y en meditación piadosa. Aunque no se vea aparente la fuerza que en esto existe, sería bueno que recuerden que por más odios que alienten el bien por siempre persiste.

* * * * * *

¡Qué calor hace en verano! ¡Ay, qué calor, qué calor! no se privan de contarnos, a cada instante, quien sea, como si fuera rareza en el verano el calor. Al parecer este año, y de nuevo la extrañeza, hará calor más que antaño; lo que sería preocupante y preocuparía a cualquiera, sería llegar a enterarte que las estaciones cesan o que algún verano nieva; sin más veranos ni inviernos, otoños y primaveras, todos los hombres del tiempo se quedarían sin carrera: aunque quedarían osados, si el mundo se detuviera, a los pobres señalando, cual, si de ellos dependiera, presuntamente culpando de que no gire la Tierra. [Para arreglar todo esto, preparad las faltriqueras, que los poderes arreglan, con impuestos, las miserias].

* * * * * *

Igual que con el calor, ocurre con las basuras, pues parece que la gente al mar tirarlas procura; yo no puedo comprender que abunde por toneladas en el mar tanta basura si alguien bien las controlara; nadie se libra de tasas, para que otros las recojan, y hasta pueden poner multas si no se meten en bolsas y van al contenedor, reciclando el ciudadano: para ver con estupor, que todos esos trabajos y tanta preocupación, alguien habrá malogrado. No hay tanta orilla del mar ni bastantes desalmados que, portando sus bolsitas hasta el mar, durante el año, puedan llegar a juntar, bolsa a bolsa, mano a mano, tanta basura mortal como vienen a enseñarnos. Piensa mal y acertarás, dice un refrán castellano; *cui prodest,* dicen también en el derecho romano.

* * * * * *

Un sabio pensando, un día, se dio cuenta a ciencia cierta, que si ciencia cierta había, también debía haber incierta. Y siendo, como era, sabio, sobre ello empezó a pensar y pronto halló el corolario, sencillo de demostrar: aquel que solo confía en lo que dicta la ciencia, que aclare cuando lo diga, si es de la cierta o la incierta.

* * * * * *

El que no llora, no mama, dice un refrán popular. Así que si, tras la infancia, alguien deseara mamar, para exigir la lactancia, primero habrá de lograr desprenderse de los dientes que van en primer lugar, incisivos y caninos; después ha de aquilatar, en función de las medidas de donde se ha de amorrar, si es preciso que se siga y se llegue al premolar. Y ya libres las encías, en justicia se estará en condiciones debidas de llorar para mamar.

* * * * * *

La Esperanza se perdió antes de lo que esperaba; la última no llegó a ser como acostumbraba. Sorprendida por el hecho, se quedó muy preocupada, al pensar que su derecho otra cualquiera usurpara. Y buscando solución, preguntó a diestro y siniestro, hasta que por fin halló un pretendido maestro. Al mostrar su desazón por el hecho tan aciago, el presunto la escuchó y pensó muy concentrado. Trascurrido un largo tiempo, encontró una solución y a la Esperanza, al respecto, le dijo su conclusión. Si no quieres que se pierda alguna, después que tú, hay que acudir a la ciencia y acabar con el tabú. Yo tengo la solución para que nadie se pierda, incluso por mala acción, y mi solución es ésta: Si portas un GPS contigo, conseguirás, desde ahora para siempre, que nunca te perderás; así que, aunque el más ladino quiera arrebatar tu puesto, jamás podrá conseguirlo, en virtud de ese instrumento.

* * * * * *

En cierta ocasión Perico preguntando llegó a Roma y tal que llegó, un romano, le comentaba con sorna: Has ido dejando pistas de cual era tu destino al ir preguntando, a todos, cuál era, a Roma, el camino; lo cual es estupidez, una innecesaria broma, porque según es sabido todos conducen a Roma.

* * * * * *

A hacer sus necesidades, un día se encerró un tirano, con su uniforme y medallas, bandas y bastón de mando. Por más fuerza que allí hacía, su cuerpo no se inmutaba; porque miedo no sentía, su esfínter no se aflojaba. Como su ira crecía contra sí mismo, excitado, temiendo una alferecía, pidió ayuda a sus criados. Tan pronto llegó el galeno y lo vio tan rojo, airado, sus esfínteres cedieron y al instante lo anunciaron. Y su suerte maldecía aquel mísero tirano, al que todos le temían menos su impasible ano.

* * * * * *

Delante de un gallinero fue un político a ensayar y se puso muy contento con los pavos del corral; cualquier cosa que decía, causaba gran sensación, pues los pavos respondían cargados de admiración; les prometía carreteras, autopistas sin peaje, zonas de aparcar doquiera y libres de pupilaje. A medida que entonaba, con más fuerza, su discurso, los pavos lo coreaban con *gulú-gulús* rotundos. Con tan buena concurrencia respondiendo a sus propuestas, se le embalaba la lengua al comprobar sus respuestas; el coro lo jaleaba siempre con su sonsonete y el político flipaba por tener tan buena suerte. Les prometía más trabajos, con pagas y vacaciones, pondría los impuestos bajos y subiría las pensiones; que a todos les daría casas, bien de compra o alquiladas, su salud garantizada, sin esperas ni tardanzas, la enseñanza, mejorada, entre pública y privada y en el tema de igualdad, máxima igualdad lograra quitando, por lo legal, lo que, de natural, falla. Cuando acababa los párrafos, se detenía a observar, por ver gozar a los pavos inflados a reventar. Y así empleaba su tiempo, recibiendo admiraciones, como apoyo a su talento, de las pavas y pavones.

* * * * * *

POST Nº 19 Del impuesto cigarriano

Cualquier familia mediana (como reza en estadística), sabe bien que, para sana mantener su economía, no hace falta ser un lince ni andar con vista de águila; que, en dinero, lo más simple es no gastar más que ganas; añadiendo la advertencia de contar con solo el neto, manteniendo en la reserva la provisión para impuestos: que el impuesto de la renta, pagable una vez al año, obliga a hacer la reserva o tener que financiarlo.

Según el razonamiento, si no se gastara el bruto, gastando tan solo el neto ganado por cada uno, al final de un ejercicio –o sea, de un año completo–, se encontrará el beneficio de algún ahorro concreto. Más si se gastara el bruto o se llega a superarlo, se encontrará uno en apuros al inicio de otro año, enfrentando dos opciones, ambas igualmente malas, meterse en financiaciones o usar la reserva ahorrada.

Si este ciclo se repite durante unos pocos años y nada previsto existe para poder evitarlo, por despiste o por desidia, se acabará comprobando que, en lugar de como hormiga, cual cigarra se ha actuado. Y mientras quede dinero en el fondo de reserva, podrá transcurrir el tiempo como si nada ocurriera, mas, si no se ha diseñado, entre tanto, una estrategia, esta vez, al otro año, el error nadie lo arregla. Por no guardar la cautela, agobiado por la deuda, la economía irá a la quiebra y se bloquearán las cuentas, se exigirá con apremio que se pague o que se atenga, por no devolver los créditos, a asumir las consecuencias. Después del tiempo pasado cantando como cigarra, sin haber considerado que el invierno se acercaba, puesto en la calle y desnudo, sin tener de qué comer, nadie habrá, según presumo, que a uno quiera socorrer.

Concluyendo, por lo tanto: para evitar sufrimientos, se programarán los gastos, es decir el presupuesto, calculando la riqueza familiar, que son los sueldos que es esperable ganar, en total, el año entero; se habrá luego de estimar la proporción del impuesto, o sea, la tasa fiscal, sobre todo ese dinero y aplicándolo al global, se calculará el impuesto total que habrá que restar para conocer el neto.

Cada familia esto hace y siempre tiene presente para no verse en la calle y evitar que otros la apremien; parece, a nivel global de un estado o una nación que, a veces, se suela obviar sin aparente razón, ya que conteniendo el gasto ajustado al presupuesto, de igual modo calculado como demuestra el ejemplo, por años que transcurrieran, con el gasto conteniendo no se crecería la deuda y sería estable el impuesto.

Se dice que el presupuesto, cuando se ha de calcular, ha de ser de base cero para que sea más real; luego sumando las partes diferentes que lo forman, el total llega a alcanzarse según se dicta en la norma. Se obtiene, no me hagan caso si en mi opinión me equivoco, el crecimiento estimado de un año respecto al otro; se acaba así el presupuesto con el plácet general, aprobado por expertos y que es posible gastar.

Presiento que con lo dicho falta un pequeño detalle que puede ser deducido mirando la resultante al final del ejercicio: ¿resultó como cigarra –si es que la deuda ha crecido– o fue la hormiga imitada? Resultaría un gran avance, saber el importe neto que, en total, podría gastarse sin preocuparse por eso; conociendo la riqueza producida en el país o dicho de otra manera, sabiendo cuál es su PIB, se puede hallar el impuesto que es necesario aplicar, pensando que, luego, el pueblo es el que lo ha de pagar; si es muy alto, cual cigarras vivirá la mayoría y habrá que irlo rebajando hasta que actúen como hormigas y en el punto de equilibrio, se halla el impuesto ideal que, según se ha sugerido, sea el presupuesto estatal.

Falta tan solo un detalle que, aunque sea pequeño y nimio, no es el menos importante ¿cómo hallar dicho equilibrio? Cómo el impuesto –es el quid– a la riqueza se aplica: ¿al tiempo de producir o después de repartirla?

Si se aplica al producir sería más igualitario, al poderse prescindir de los salarios privados; en cambio, si ha de aplicarse a riqueza repartida, por más que quiera ajustarse habiendo tantas partidas, que son las rentas privadas que las personas perciban, no creo que haya mente humana que igualar eso consiga: hay quien no tiene trabajo, otros, sueldos de miseria, los hay que son millonarios y también la clase media; por más empeño que pongan y hasta juegos malabares, no podrán hacer iguales cosas que son tan dispares; el que no tiene no paga, algo si es de sueldo bajo y habrá que subir la tasa al de sueldo millonario, que por razón de su clase y saber guardar el sayo, tendrá medios a su alcance por rebajar lo gravado. A un impuesto así, lo llaman los expertos, solidario, oxímoron que proclama que lo impuesto es voluntario (que es igual que si dijeras, a quien muestre su navaja, que le entregas la cartera por su bien, de buena gana: claro, que el que no lo hiciera ¡a ver lo que se encontrara!)

Decir esto es muy sencillo, a mí no me cabe duda –como Julio Verne dijo respecto a ir a la Luna–; haría falta voluntad y algo de imaginación para llegar a ajustar el gasto de la nación y dar como resultado que se actúe como la hormiga dejando, a su vez, de lado la cigarriana alegría.

POST Nº 20 De la diabólica igualdad

Corren criterios extraños en los tiempos actuales que a los hombres van marcando como seres insaciables de lujuria y de violencia, presumiéndolos culpables, se tenga o no la evidencia, después y antes de juzgarles.

El origen de esta historia es del próximo pasado, en que razones de cambios en el devenir humano empezaron a sembrar, en el modo en que pensamos, simientes de ideas modernas que justas considera-mos, no tanto por lo de justas, sino porque así logramos saciar ciertos egoísmos o lograr lo que anhelamos.

Quienes nos conocen bien y ostentan ciertos poderes, saben sembrar las simientes que harán brotar pareceres de apariencia favorable ora a hombres ora a mujeres; a lo cual, estos responden con sus propios intereses, sin pensar que si se aceptan sin pensar, las nuevas leyes, tan solo porque estas tiendan a hacerles ver que convienen, que parecen ayudarles a vivir como prefieren, hambrientos de sensaciones por degustar el presente, sin pararse a elucubrar y calibrar qué pretenden, jugando a gallina ciega rodarán por la pendiente.

Así, en mi humilde opinión, de este modo, van logrando controlar la situación relativa al pueblo llano que, debiendo estar unido, entre ellos van discrepando: oponiéndose entre sí, por lo nimio disputando, sin atenerse a razones ni descubrir, meditando, que, tan pronto como el pueblo deje de actuar como hermanos, irá, irremisiblemente, a convertirse en esclavo de sus propias convicciones o de intereses extraños.

Aprovecho la ocasión que este tema me ha ofrecido, para expresar la opinión que el mismo me ha sugerido: que, pese a las discrepancias, cada vez por más motivos, que incrementan las distancias entre extraños y vecinos, destruyen a las familias, separan padres e hijos, cuando, por alguna causa, es el pueblo requerido a salir a defender las ideas que le han metido, gritan a pleno pulmón, como estando convencidos, diciendo que 'el pueblo unido jamás podrá ser vencido'.

Antes de entrar en el tema del que yo pretendía hablarles, permítanme que recuerde cómo actúan los animales, que rigen su convivencia por instintos naturales, desde los que son más mansos hasta los brutos salvajes, igual se trate de aves, leones, hienas o chacales:

Algunas especies de aves llegan a formar parejas, que permanecen unidas hasta que la muerte llega y en ese estado conviven y tienen su descendencia, atendiendo a los deberes respectivos, sin protestas. Ambos construyen el nido, sin emitir ni una queja, en el suelo, en una rama, en un risco o en una grieta, aportando con sus picos, que en eso sí se asemejan, ramitas y materiales, según su instinto aconseja, hasta acabar construyendo, unidos, su obra maestra. Más tarde, en el suave nido, a la hembra le corresponde depositar, amorosa, las simientes de su prole, los huevos que, como saben, tan solo las hembras ponen; durante el tiempo en que incuban, ambos se van alternando, igual que cuando eclosionan los que estaban esperando, momento, a partir del cual, también comparten trabajo, mucho o poco, para hallar el modo de alimentarlos. Cuando los nuevos retoños del nido levantan vuelo –córrase el sabido velo si es que alguno llega al suelo– ambos, el macho y la hembra, seguirán viviendo el sueño que, al inicio de su vida en común, se prometieron.

Y manteniéndose fieles a tan temprana promesa, comportándose de acuerdo a su instintiva manera, con sus trinos y gorjeos a nosotros nos enseñan, que es posible la armonía, cuando se quiere, en pareja.

Luego están los animales que se mueven a su aire (aunque no pueden volar) sin que nada los amarre, gozando su independencia, sin sentirse responsables del cuidado de los hijos que las madres amamanten, que al contrario que las aves, en esto no actúan iguales. Siendo el modo más normal que dirige a los mamíferos, el que controla su instinto por sexual dimorfismo, que por medio de sus artes y puede que por instinto, obliga a la hembra a estar más pendiente de los hijos, ya que al macho le atrofió sus glándulas el destino. Se pasan la vida, así, las hembras con sus criaturas, mientras que el macho indolente, por no aburrirse, procura encontrar a cuantas pueda, que enceladas le rebuscan, y con todas las que encuentra en tal estado, copula. Son estas las circunstancias que hacen que, del mismo macho, la descendencia que nazca sea de modo simultáneo y a las hembras se vea el padre, por tal motivo, obligado a depararles defensa y alimentos, alejando, de tan singular familia, a cuantos quieran retarlo para quitarle las hembras y acabar con su reinado.

Podría extenderme en detalles al describir los ejemplos que en las anteriores líneas he procurado poneros; mas no lo veo necesario, pues pienso que quien las lea y analice ambos casos, no habrá modo en que no vea reflejados entre los hombres y mujeres actuales, los modos de comportarse de ambos tipos de animales, que algunos creen que es progreso y hay, con leyes, que animarles a escoger, de cada tipo, lo que más pueda gustarles, esperando que, al torcer los preceptos naturales, todos vivirán mejor sus vidas materiales; olvidando, en consecuencia, que, aunque seamos mortales, como seres superiores a aquellos brutos salvajes, debieran mejor buscar el modo de superarles.

Hace tiempo que unos cucos, que vigilan a los otros, son sabedores de siempre que hay bastante para todos, pero que, usando sus artes, encontrarán muchos modos de acaparar para sí lo que perderán sus prójimos. Y haciendo uso ladino de técnicas ancestrales, conseguirán convencernos de que hemos de ser iguales, en todo tiempo y lugar, machos y hembras cabales.

Igualdad ante el trabajo, que aceptamos sin pensar que nadie quiere igualarse a la hora de trabajar, sobre todo si el trabajo es duro hasta deslomar; lo que de verdad queremos y no cabe demostrar, es llegar a ser iguales a la hora de cobrar (al margen de los que vayan buscando en qué trabajar).

Luego, la igualdad ante el voto es de importancia vital y, por todos, asumido que es un derecho votar; pero si piensas un poco y comparas qué pasaba en los momentos aciagos en que solo hombres votaban y compruebas lo que pasa, ahora que votamos juntos, verás los mismos problemas, votando iguales asuntos.

Por si no fuera bastante, en esto de la igualdad, lo que ahora se pretende no es solo igualdad legal, sino llegar a portarse como hombres las mujeres, que no es igual que igualarse, porque esto no se puede (si bien algunas lo intenten haciéndose transexuales; tal vez sientan que así sea como la gloria se alcance). Salvo estos posibles casos, creo que ninguna hembra quiere, hacerse igual como el hombre si a lo viril se refiere; lo que pueden que prefieran, es llegar a comportarse igual que hace un macho alfa, como, al hablar de animales, se refirió en el ejemplo sin, de ese modo, llamarle (al parecer todo el mundo aparenta que se olvida que, en el alfabeto griego, hay letras consecutivas que a la alfa siguen detrás, sin que ninguna consiga ni tan siquiera imitar al ejemplar que domina). Van pidiendo las mujeres ser iguales que los hombres: que, aquel que lea, no se olvide, por mucho que esto le asombre, que quien para sí pide, tan solo pide en su nombre.

Hoy, las mujeres modernas, quieren actuar libremente, sin que nadie las requiebre, sin que nadie las moleste (que así se le considera, y denominan acoso, a lo que, en otras especies, es el cortejo amoroso); siguen mostrando sus pechos sin cubrirlos hasta el cuello, se maquillan con colores ojos, labios y mejillas, llevan las ropas ceñidas y emperifollan los pelos, zapatos de altos tacones para las nalgas subirlas y darles más movimiento al andar, como medida de atraer bien la mirada del macho que tanto admiran. Y luego cuando comprueban que el macho babea hacia ellas, como hace el macho cabrío cuando se enfila a las hembras, de repente se hacen cargo de lo que en verdad quisieran: que la relación entre ellos les gustaría más que fuera como la del avecilla que se narra en el ejemplo y queriendo refrenar al que aparenta violento, le dicen que ¡no es no!, esperando que, con esto, la tormenta se disipe y que el sol luzca de nuevo.

Cuando alguien quiera, en verdad, mejorar las relaciones, que empiece por valorar las humanas emociones; y cualquier cosa que se haga, que resulte conflictiva, debería ser rechazada por las partes concernidas.

Ahora ha llegado el momento –por si acaso no he sabido mostrar, meridianamente, que este mundo es dirigido por un ente al que podéis considerar sinsentido– de explicaros que hace tiempo, hay quien dice seis mil años, tal vez fuera el mismo ser que, por medio del engaño, a Eva llegó a convencer de que podrían ser iguales a Dios, con solo morder lo que aquel había vetado, importunando después a Adán para acompañarle.

Que, en esto de pretender ser igual a cualquier precio, se presume la ambición o egoísmo manifiesto.

POST Nº 21 Del morir hacia la vida

En cierto lugar seguro, cálido, húmedo, oscuro, tres seres dieron comienzo a la vida en tres proyectos, aunque no estando conscientes de sí ni de aquel ambiente, ignorando unos a otros, incipientes seres sólo. Tres días después, transcurridos –para ellos su primer ciclo– fue el instante en que sintieron dentro de sí un sentimiento, leve como un leve aliento, como etéreo pensamiento o fugaz presentimiento de estar en algo sujetos.

Siguieron pasando ciclos de sus vidas en ese sitio y aunque seguían inconscientes, superado el ciclo siete, empezaron a sentir del corazón el latir y, al ritmo de los latidos, se activaron sus sentidos, aunque no fueran los físicos al principio los activos. Tras varios ciclos después, superando ya los diez, igual que aquel que despierta de un letargo de anestesia, una espesa somnolencia enturbiaba sus conciencias, sin enfoque e incapaces de pensar o concentrarse.

Habiendo otros diez pasado, con cambios acelerados en la forma de sus cuerpos, de sus órganos internos, piernas, brazos y cerebros, un nuevo tirón sintieron, como si a un globo viajero lo jalaran de una cuerda y la fijaran más tensa para que no se moviera y se quedara más cerca; fue el momento en que sintieron estar doblemente presos y un pequeño resplandor iluminó el interior de una mente embrionaria, que era el germen que brotaba, al ritmo que iba creciendo y formándose el cerebro.

Fueron cayendo en un sueño desdibujado y espeso, cual en tinieblas, nubloso, con mil perfiles borrosos moviéndose, como sombras de unas ramas con sus hojas agitadas por el viento, al reflejo macilento de una farola vetusta, en una pared oscura. Atrapada la atención con la naciente emoción de despertar a la vida, aunque no fuera sabida que ésta era su condición, carentes de comprensión de ese torbellino extraño, de nuevo se relajaron, cesaron sus pensamientos y continuaron durmiendo

La extraña felicidad y placidez que les daba el hallarse en tal lugar, que con amor los cuidaba, aportaba su alimento, cálido ambiente y aliento, procedentes de un lugar que su anhelo sospechara, tan a gusto allí se hallaban que nada les preocupaba; aunque, sin hacer esfuerzos por encontrar un recuerdo que a aquello se asemejara, una intuición los llevaba, de modo poco preciso, a sentir que habían vivido anteriores circunstancias, de olvidadas semejanzas.

Otros diez ciclos pasaron a esa misión dedicados, buscando en su fuero interno, en sus mentes y cerebros, aunque sin hacer esfuerzo, en su estado somnoliento, por hallar explicaciones, viviendo sus emociones como el mejor de los sueños de aquel que se siente dueño de su vida y su destino, sabedor de su camino.

Mientras vivían ese ensueño, bajo párpados pequeños sus ojillos se agitaban, buscando con sus miradas, aún no estrenadas, sin ver, como ocurre a todo ser cuando cae en profundo sueño; extendiendo el movimiento a sus ya desarrolladas extremidades humanas.

Transcurrieron otros diez (desde afuera, el cuarto mes); con su lanugo presente, la piel fina y transparente, de cada ser daba signos y estrenaban intestinos con su especial movimiento; y al igual que ocurría dentro, moviendo piernas y brazos, en cierto momento dado, finalmente se encontraron y al punto de hacer contacto, tocándose con las manos, se inauguraron sus tactos, con sorpresa y sobresalto al sentir otras presencias; y pronto las tres conciencias, superada la sorpresa, sin poder decir palabras, buscaban con entusiasmo como establecer diálogo con quien estaba a su lado.

Mientras transcurría otro mes, otros diez ciclos de a tres, redoblaban sus esfuerzos por captar los pensamientos que iban de unos a otros, expectantes y angustiosos por hallar ciertas respuestas a preguntas aún no hechas; a anhelos que iban creciendo cual llama que va prendiendo, a un sentimiento inconcreto, a un mudo presentimiento, sabiendo que hay que saber, sin saber cómo o porqué.

Con cabello en las cabezas, las pestañas y las cejas, el sistema inmunitario prácticamente afinado, continuaba el desarrollo; sumergidos en su agobio en pos de iluminación o encontrar la explicación, la causa o la condición, de empezar a verse presos, mientras iban intuyendo borrosos tiempos pasados, de haber, libres, transitado por lugares placenteros, cual inseguros recuerdos o el fugaz avistamiento de sombras en movimiento.

Superado ese periodo de constante desarrollo, pasado el ciclo cincuenta y adentrados al sesenta, al fin con ojos abiertos, con constantes movimientos fruto de sus emociones, vivieron las sensaciones de percibir las llamadas, anhelantes y angustiadas, de aquellos, que antes sentían en su muda compañía. Ante la nueva experiencia interior de sus conciencias, con sus mentes mejoradas, entrelazadas sus almas, sin pensarlo y al unísono, dedicarían sus vigilias durante todos los días que allí tuvieran que estar, a intentar dilucidar, de qué lugar procedieran, de cómo hasta allí vinieran o hasta cuándo o el porqué, allí se habrían de atener a esperar, pacientemente, a ver cuál sería su suerte, si aquello comprendía un fin o si allí podrían seguir, sintiéndose en un edén de amorosa placidez que, de algún lugar lejano, iba llegando a su ánimo.

Transcurriendo el mes siguiente, que en externa cuenta es siete, sus pulmones funcionales, aunque en ausencia de aire, les hicieron sospechar que algo pasaría, al final, que justificara el hecho de sentir, dentro del pecho, ese extraño movimiento de respirar sin aliento. Entre ellos se contaban ciertas cosas que soñaban, sin saber cómo explicarlas, por no saber compararlas ni tener más referencias en común que sus conciencias; aunque estuvieron de acuerdo, tan pronto como supieron que estaban siendo oprimidos, según notaban, al ritmo de su creciente tamaño; lo cual les causaba daño ante ciertos movimientos o por motivos ajenos, llegados desde más lejos hasta donde estaban ellos. En ese punto, supieron que, de algún sitio, a lo lejos, llegaba el ritmo evidente de algún corazón batiente que sosiego les donaba; por todo ello sospechaban que existiera un 'más allá', aunque ninguno encontraba la forma de averiguar, qué tendrían que soportar, como podrían traspasar las barreras que encerraban sus vidas a ese lugar; ni cuánto podrían durar.

También oían los sonidos que, al igual que los latidos, desde afuera les llegaban, sean de personas que hablaban y al principio, no entendían; musicales armonías; todo tipo de ruidos, pitidos enfurecidos, bruscos golpes o crujidos y en ocasiones, quejidos de una voz reconocible que, con frecuencia, era audible y a ellos se dirigía, diciendo que los quería más aún que a su propia vida, que por la de ellos daría.

Durante el octavo mes (en cálculos de mujer), de setenta a los ochenta (en ciclos de interna cuenta), aquella opresión creciente sobre tres cuerpos dolientes, los llevó a estar del revés (la cabeza para abajo y para arriba los pies); ni siquiera con el cambio el beneficio lograron y siguieron angustiados, cada vez más preocupados, por un final inminente que tendrían siempre presente, entonces y en adelante, sin aclarar, incapaces, ni lo que antes soñaban ni si al final todo acaba: ¿es cierto que el más allá, que en sus brumas sospechaban los habría de consolar cuando de allí se marcharan, o qué podrían esperar?

El noveno mes entrado (a los noventa llegando, según los ciclos de a tres), continuando del revés y conformados sus cuerpos para un nuevo mundo externo, lo que antes fuera una angustia se había hecho tan profunda y tan grande la opresión, que no veían la ocasión de acabar el sufrimiento y el largo tiempo de miedo a su destino o la muerte o a lo que fuera su suerte; pero, al fin, habrían vivido felices noventa ciclos, desde aquel punto de inicio, en su tiempo relativo (nueve meses del presente completan a un ser naciente: desde el momento inicial hasta alcanzar el final de aquel que ha de nacer, contando en ciclos de a tres, se necesitan noventa para una vida completa; desde la fecundación hasta hacer la anidación, según la cuenta exterior, son tres días la concepción, o bien, dicho de otro modo, el primer ciclo del óvulo; de igual forma que al morir, que es lo mismo que partir desde el actual presente, tres días precisa la muerte, para hacerse irreversible sin que el más sabio lo evite).

Tan grandes, aunque pequeños, los tres constreñidos dentro, más contracciones sufrieron en todas partes del cuerpo, en tronco, pies y cabeza, sin que ninguno pudiera, debido a las contracciones, aguantar tantas presiones si el proceso fuera largo; como ocurre en el abrazo de la pitón a su presa, a la que agota su fuerza.

Según queda comentado entre presente y pasado, cuyos ritmos los remarca dicha relatividad, ha de hacernos sopesar que, al momento de contar el tiempo que el parto dura, no guarda igual estructura si se viene o si se espera, así que si es duro fuera, multiplíquenlo por tres para aquel que va a nacer; así podrán comprender el estado de las mentes de aquellos pequeños seres que se enfrentan a su muerte; o al menos presienten eso y tal vez puedan quererlo y acabar el sufrimiento del largo postrer momento.

En medio de la vorágine, los tres mirando adelante esperando lo peor, movidos por el amor de esos ciclos convividos, se ven pronto compelidos a despedirse entre ellos, mientras les llegan destellos de luz, voces y gemidos; y de pronto, en un suspiro, termina aquella opresión y ante esa sensación de sentirse liberados, con los cuerpos relajados y agotados los cerebros, pierden el conocimiento cayendo en profundo sueño.

Y sienten, seguidamente, en el cuerpo un golpe fuerte que los lanza, de repente, a su futuro, el presente; sintiendo por vez primera el aire que ahora les llega al fondo de sus pulmones y no hallando más razones o el modo de dar sus quejas, expulsan aire con fuerza llorando a pleno pulmón, dándole así la ocasión al que el proceso asistía de decir con alegría: "!Ya te nacieron las tres y las tres son bien venidas; felicidades, mujer, por tus preciosas trillizas¡".

Tales palabras oyendo, las tres, de pronto sabían que el nasciturus, muriendo, nace a una nueva vida.

POST Nº 22 Del vivir hacia la muerte

Piensan algunas personas que son más sabias que Dios y, juzgando las desgracias que ven a su alrededor, sean cercanas o lejanas, suelen clamar, sin temor, que si Dios fuera tan justo como llegan a decir, cómo es posible que pueda estas cosas consentir: dejar que sufran los pobres mientras disfrutan los ricos, que en el mundo haya tanta hambre y se tiren desperdicios, que vivan tantas personas sin protección de un hogar, tantas guerras, tantas muertes, como nos suelen mostrar, sin que haya visos siquiera de que vayan a cesar. Y culpando de estas cosas a Aquel que ha permitido, a cualquier ser de este mundo, tener su libre albedrío, olvidan que las desgracias se las busca cada cual o se las causan aquellos que les procuran el mal, en busca del objetivo de obtener de ellos provecho, de sus trabajos y esfuerzos, igual que esclavos modernos, o de las materias primas que produce su región o por cualquier otra causa que origine su ambición.

Luego están los que, del mundo, admiran la inteligencia, que no creen que nada es cierto si no lo avala la ciencia y sin embargo, se apoyan en las 'leyes del azar' para explicar cualquier cosa difícil de demostrar; y en base a todo el saber de las ciencias cartesianas, incapaces de aceptar las cosas no contempladas en la ciencia y sus teoremas, hipótesis o teorías, cualquier cosa que no entiendan la rechazan enseguida, no aceptando explicaciones de índole espiritual, pues ¿de cuándo, cómo o dónde ha logrado aquilatar la ciencia, con sus sistemas, lo que no es material?

Con ello, pasan sus días viviendo despreocupados, acallando sus conciencias, con tal de andar disfrutando de un presente, que pretenden olvidar que ha de acabar y ahora, también intentan hasta, al morir, disfrutar; van haciendo testamentos que denominan vitales, cuando, en verdad, son de muerte sus actas documentales, pues siguiendo la influencia de lo que la ciencia dicta, creen que el nacer y el morir son dos cosas imprevistas –aunque quien nace de azar a morir está obligado– y que cuanto es conocido algún día se habrá acabado. Y se preparan la muerte ausente de sufrimientos, pues tan solo sus presentes cuentan en cada momento, lo que les hace sentir que sufrir es tontería, que ninguna cosa habrá después que acaben sus días.

Existe gran proporción de gentes de tal tendencia, viviendo despreocupados de hasta la propia conciencia; que prefieren olvidarse de pensar en el futuro, que con sus medios normales solo pueden verlo oscuro, y rechazan escuchar qué dicen otras personas que, por ventura o azar, ven las cosas de otra forma: que piensan en un futuro para después de la muerte, al vivir las experiencias, que por desgracia o por suerte, les induce a presentir que al morir nada se acaba, que más allá de la muerte será la gloria encontrada.

Pero, dado que estos últimos resultan en minoría, existe desequilibrio en la tendencia masiva y el mundo marcha escorado del lado que más domina, pretendiendo implementar la creencia colectiva.

Careciendo de esperanza para el final de sus vidas, disfrutar a cada instante es a lo único que aspiran, sin darse cuenta siquiera de la gran contradicción, de aceptar vivir con reglas impuestas por tradición; pues si la vida se acaba y todo llega a su fin, ¿por qué razón todos viven como el que no ha de morir? Acumulan su dinero, posesiones y riquezas, con depresiones, insomnios, desalientos y tristezas; guardan todo lo que pueden para evitar carecer, creyendo que quien más tiene no tiene que padecer; buscan disfrutar de todo lo que alcance a ver su vista, viajando por todo el globo para ver, como turistas, aquello que no les basta verlo grabado en imagen, diciendo que hay más placer cuando se tiene delante; si hace calor, a las playas irán para remojarse, que refrescarse en verano es un placer deleitante; pero si, por el contrario, lo que hiciera es frio intenso, entonces será la nieve la que dé placer inmenso; aficionarse a deportes, asistir a los teatros, intentar vivir la vida sin tiempo para descansos; no dejar siquiera un hueco de tiempo sin rellenar con aficiones mundanas que les impida pensar, si no es hoy será mañana, que esto se puede acabar: ¡corramos, corramos todos, que no acabe el disfrutar!

Los que pierden la esperanza de disfrutar dentro de orden, los que no encuentran trabajo y no tienen que les sobre, los que andan marginados por la dura sociedad, los pobres y mendigantes, las personas sin hogar, los inmigrantes venidos de tierras allende el mar y todo aquel que no pueda, como aquellos, disfrutar, posiblemente rebusquen soluciones inmediatas, o bien porque lo aparenten o porque sean más baratas; llegarán a embrutecerse con las drogas u otros vicios, hasta aniquilar sus mentes, perdiendo todo juicio, para poder disfrutar de todo sin ton ni son, antes que llegue la muerte bajo su negro mantón.

A todo esto se añaden los que gobiernan naciones, que, por sobre esas premisas, andan imponiendo su orden, bien basado en lo divino o bien tan solo en lo humano, como medio de insuflar sus creencias al contrario: al no ver un horizonte luminoso tras la vida, por no creer que la muerte permita que algo perviva; estar regidos por leyes dictadas por los poderes, frustrados porque los días no son siempre lo que quieren, por tantas limitaciones, normas, leyes y trabajos, las jornadas van pasando, las semanas y los años, preocupados sobre todo por guardarse de estar sanos y la esperanza de vida alcanzarla disfrutando.

Muchos olvidan sus almas y evitan nombrar la muerte, dejando fluir sus vidas como el agua de la fuente, que una vez dejado el caño va corriendo a su destino, tal vez la evaporación o caída hacia el abismo. Según entendí de un sabio, vivimos nuestro presente, junto a futuro y pasado, los tres simultá-neamente, entre sí con proporciones de tres y cuarenta días, que rigen las variaciones, en duración, relativas; de esa manera se encuentra que, a partir del embarazo, si por tres y por cuarenta sus días los multiplicamos, en total de años, la cifra se aproxima a los noventa, que la esperanza de vida se me hace que aparenta.

Por más duro que se esfuerce y se preocupe la gente, al igual que llegó el parto, también llegará la muerte. Si Aquel que todo dispuso, marcó el tiempo de parir y el tiempo medio de vida desde el parto hasta morir, me pregunto si la muerte no ha de dar paso a otra vida y en lugar de mal vivir hacia la muerte temida, no debamos presumir que aquel futuro, en presente, se acabe por convertir en vida desconocida.

POST Nº 23 Del pacto de los pastos

Para repartir los pastos, pactaban unos pastores; los borregos esperando en apriscos como zotes ¿al pastor cuando hace pactos hay que llamarle '*pactor*'? Aún no tengo yo muy claro que palabra es la mejor. Antes de pactar los pastos tuvieron que realizar, de los borregos, reparto, de los que había en el lugar. Uno se acogió los gruesos, otro se pilló los blancos, otro quedose los negros, para el último los flacos.

Antes de quedar de acuerdo con este primer reparto, tuvieron que ver primero si el reparto era apropiado; les midieron las cinturas (por el tema del grosor) y analizaron tinturas (por el tema del color) y después de muchos días con el tire y el afloje, final- mente se entendían, pues poco costaba el lote. Al final todos contentos parecían manifestarse: el que quedó con los gruesos, no tendría que preocuparse, pues si los vendía por peso mucho tendría que ganarse; el de los blancos pensó que su lana vendería, que tendría precio mayor, que el blancor apreciarían; el que recibió los negros tampoco se amilanó, con la carne haría buen precio, con negra lana mantón; el de los borregos flacos tampoco se entristeció, pues si conseguía buen pasto su ganado era el mayor.

Pero, en llegando a este punto, deberíamos de aclarar por qué lo llaman ganado lo que no costó ganar. Vivían allí los borregos antes que dichos pastores, por lo tanto no tuvieron que criarlos con sudores; como herencia los tomaron de otros pastores mayores, por lo que consideraron que eran ellos poseedores. Y por eso se veían con derecho a decidir; y con ello pretendían tener derecho a elegir. Y eligiendo cada cual lo que para sí querían, se olvidaban de pensar en las ovejas recluidas.

Como a ellos no les zurrían sus estómagos repletos, se olvidaban de que había hasta cuatro en un borrego; que, para tenerlos llenos, mucho tenían que rumiar, pero pastando primero hierba fresca de herbazal. Había que deliberar, por lo tanto, del terreno; más quisieron aclarar el reparto de los perros.

Descubrieron que este tema les daría preocupaciones, porque aquellos perros eran de diferentes regiones; había un pastor alemán, varios belgas y otro inglés, alguno había catalán y hasta un pastor finlandés, por más señas de Laponia, un ovejero australiano, otro era pastor de Escocia –y Border Collie llamado–; también, de origen francés, había un pastor de Brie, que nada tiene que ver con pan ni queso de allí. Con la variedad de perros y la multitud de idiomas, para poder entenderlos o por mantener las formas, enseguida decidieron que habría de ser necesario tener unos traductores de los que son simultáneos.

Dejando en suspenso el pacto del reparto de los pastos iniciaron en el acto, con intérpretes, contactos.

Para resolver el tema se fueron a sindicatos para que las cosa fueran avanzando mientras tanto; ignorantes de las leyes, en las que estos eran duchos, y abrumados por papeles a rellenar, que eran muchos, se vieron necesitados de buscar unos expertos que pudieran orientarlos para llegar a buen puerto.

Como sea que las faenas del pastoreo son sencillas, hasta aquel tiempo sus cuentas no les generaban cuitas; pero ahora con los perros, sindicatos, traductores, gastos y otros papeleos, tenían nervios y sudores. Y para hacer frente a aquella situación comprometida, acordaron que era buena la idea de un economista, el cual habría de llevarles con control la economía, además de aconsejarles si en su momento invertían.

Y raudos y sin tardanza, a esa misión se pusieron y prepararon demandas ayudados por expertos; se miraban entre sí, viendo todo viento en popa, esperando a decidir cuando aclararan las cosas. Habiendo, por fin, hallado un doctor economista, en seguida lo dotaron de las cosas más precisas para analizar balances, revisar las inversiones, cuentas y datos contables y obtener sus conclusiones: tras ver todo el maremágnum que el trabajo suponía, tardó un tiempo en ilustrarlos en todo lo que obtenía. Habiendo cuentas echado, deberían considerar en aumentar *ipso facto* el ratio 'natalidad', que resultaba muy bajo para poder compensar el crecimiento de gastos que deberían afrontar.

Y aquí volvieron las dudas, porque había pocos carneros para lograr, sin ayudas, llegar al ratio correcto. Habrían de considerar, para hacer frente al asunto, que camino habrían de andar, pues podían ser más de uno: buscar ayuda exterior con corderos alquilados, lo que implica la labor de hallar los más adecuados, aparte del gasto extra que la ayuda comportara, lo que quizás requiriera aumentar la tasa dada; contratar algún experto que, en los periodos de celo, inseminara a las hembras con semen de sus carneros, lo cual pareció mejor porque además de moderno, harían la repartición en función del color de ellos.

Habiendo al fin encauzado las antedichas cuestiones, al principio retornaron, con los prados y los bosques; pero antes de iniciar el pretendido reparto, sobre la seguridad, los expertos informaron: era una cuestión legal y por tanto necesaria, extremar seguridad y extremar la vigilancia de los corrales y apriscos, vallados y parideras, hasta almacenes precisos para criar las ovejas, y éstas también controlarlas con etiqueta en la oreja o que el nuevo chip portaran por si del grupo se alejan.

Estando en la tesitura, en pos de seguridad, ésta también la extendieron al sitio donde abrevar, con el fin de estar seguros que las aguas que bebieran no dieran problema alguno porque portaran bacterias. Tendrían que hacer un embalse donde acumular las aguas y que un químico llegase cada tanto a depurarlas. A todo esto, se añadan los papeleos sindicales, en Hacienda hacer las altas y atender temas sociales, y fácil comprenderán que sea origen de retrasos y aquello de priorizar el alimento obligado, vaya quedando en olvido o se vaya rezagando, sin ni siquiera mirar si sigue vivo el ganado.

Para suerte del rebaño, si es que así puede llamarse, siempre estuvieron cuidados por sus viejos guardianes, que los dueños actuales encontraron asociados junto con las heredades que sus mayores legaron.

Por ello, consideraron que algo más podrían tardar y, en consecuencia, acordaron esperar para alcanzar el pacto más conveniente (en beneficio de ellos) sobre los pastos nutrientes: que se esperen los borregos.

POST Nº 24 De ¡quo vadis tú!

¿Por qué hay tan poca vergüenza en el mundo y la nación, que cada cual solo piensa en su propia salvación? Pasa igual que cuando un barco se hunde y hay que nadar: Desde el más listo al más alto, sin importar los demás, hasta el más bobo y más bajo, sobre todos treparán para no quedar debajo, acabando por matar a los suyos con sus actos sin, por ello, haber logrado para sí, seguridad.

Si habéis logrado dejar fuera del mar la cabeza, primero habréis de mirar si la orilla tenéis cerca, pues, sólo con que os halléis en la mitad del océano, ningún provecho obtendréis de ser cruel con vuestro hermano. Allá quedarás flotando, sólo, como alma perdida, gozando de haber salvado a toda costa la vida. Es posible que lamentes haber sido tan egoísta sabiendo que, si las gentes colaborasen unidas, en lugar de ahogarse todos en su soledad maldita, quizás hallasen el modo de solucionar sus cuitas.

Este mundo es muy extraño, ya nadie piensa en los otros, salvo sea como rebaño sin más valor que su apoyo, favor, regalo, servicio, provecho, utilidad, alguna ganancia, auxilio, lucro, rentabilidad, rendimiento o patrocinio (y algunas 'cositas' más que me dejo en el olvido). Si abunda más el tomar que el donar o compartir, por más que intente sacar el prójimo la nariz, al final se habrá de ahogar, como cualquier infeliz que vaya surcando el mar y acabe hallando su fin.

Hubo un tiempo en que el trabajo era como maldición y tenían que soportarlo como impuesta obligación; pese a la condenación a vivir y a trabajar, que esa era la condición, para vivir, a arrostrar, muy pronto fue que supieron que habían de colaborar para hacer más llevadero, por el trabajo, el penar; de este modo avanzó el mundo con algo menos de egoísmo y la humanidad anduvo, ayudándose al unísono.

A pesar de su condena, la gente en Dios confiaba, esperando el día en que fuera, de su condena, librada; hoy se olvidaron de Dios, tan solo miran su ombligo, retorcieron la intención y es 'no trabajar' castigo. Este mal es el que aqueja a esta civilización que, civilizada, piensa que ha llegado a ser mejor que aquella antigua manera de vivir sin pretensión.

Pocos piensan que haya vida después de ésta y sea mejor: gracias al dinero aspiran ahora a vivir sin temor. Si la vida fuera el mar el aire sería el dinero que todos han de respirar por mantener el resuello; pero a fuerza de medrar trepando sobre lo ajeno, queriendo el aire guardar hasta que lo respiremos, andamos ahogando al mundo cargando el peso en sus muertos, consiguiendo así, a lo sumo, vivir sobre un cementerio.

En esta lenta agonía marchamos obnubilados, pues, si después no hay más vida ¿por qué hay que seguir nadando? Y si hay después una orilla que ha de ser mejor que ésta —según la cuenta tenida del infierno que ésta muestra— inteligente sería cortar la senda siniestra por la que el mundo camina sin amor y sin vergüenza.

Todo el mundo anda subiendo los precios por el dinero; empresas bajando sueldos van por el mismo sendero; y los estados modernos, para bien, dicen, del pueblo, también ahogan con impuestos y estrujan los monederos. ¿Habéis parado a pensar alguna vez, por supuesto, hasta dónde ha de llegar este alocado misterio? Tanto luchar por vivir, sabiendo que moriremos, para tener que morir como antiguamente un perro: el que tiene la esperanza de un cielo o vida mejor, suele vivir con templanza y lo aguarda con amor; pero a aquel que nada espera, solo le queda el placer que este mundo le pudiera, durante un tiempo, ofrecer; mas, como está bien sabido, todos los excesos matan, así que nunca consigo entender esta vesania.

Cerca de ocho mil millones de personas convivimos, aunque con limitaciones que en algún caso percibo; lo que me queda bien claro es que ha de haber para todos pues, si no hubiera, proclamo que no llegaríase a ocho. Pero si toda esa gente quiere vivir como ricos, para gozar sus presentes antes de cerrar sus picos, ¿a quién le habría de extrañar que ocurra lo que ahora pasa, que algunos han de trabajar llevando una vida esclava y muchos han de aspirar (y hasta pagar) por lograrla?

Si de cierto alguien quisiera enderezar el destino, en la enseñanza primera que recibieran los niños, sería bueno que aprendieran que más conviene el camino, ligeros, sin equipaje, sin lastres ni desatinos; que más felices serían sin vivir acumulando, que el que acumula porfía sin disfrutar de lo ahorrado (no hay duda de que esto ocurre ahora a la población, que por mucho que acumule nunca verá la ocasión de llegar hasta el disfrute, por grande que sea el montón: unos, por simpleza, aducen que, si su vida se alarga, mejor que ahora no renuncien a conseguir disfrutarla; o por grave enfermedad se vieran necesitados, luego, a tener que gastar para médicos cuidados o precisaran que otros en su vejez los cuidaran, aun así, gastarían poco para que el montón durara).

Seguro que hay responsables de impedir que las riquezas pudieran utilizarse de racionales maneras; serían, pues, justificables cuantas medidas debieran para arreglar la barbarie que tanto egoísmo engendra.

POST Nº 25 De la atadura del mundo

Una inmensa tristeza me consume cuando miro este mundo desquiciado; pocas cosas encuentro que no abrumen, que ni mente ni ánimo perturben o aún aguanten contra el desagrado. Los que dicen regir la convivencia, tejen los hilos de un velo de sombras, que extienden tenue sobre las conciencias, cubriendo al ojo rastros de evidencias de que adolecen de adecuadas normas.

El gran pecado de esta humanidad, que sobrepasa a todos, es la soberbia, pues no pude persona alguna hallar que, sintiendo que es capaz de pensar, llegue, ni por asomo, a ver que yerra. Basta mirar en nuestro derredor y analizar la vida cotidiana: hasta el más torpe es criticador, capaz de hacer lo que otro haga, mejor, bajo el dictado de esa mente insana.

A consecuencia de dicho pecado, fácil resulta embaucar a las gentes, solo es preciso urdir lo necesario para exponer el tema programado como si fuera el fruto de sus mentes. Cuanto más fuerte sean en su soberbia más radicales se vuelven sus suertes, pues observando que hay otras conciencias que manifiestan las mismas tendencias, a su razón se aferran fieramente.

Hasta hace poco, en tiempos del pasado, otros hubieron que mostraron esto, narrando cuentos como el del paisano que iba con burro y con el nieto andando y criticaron todos los del pueblo. Hoy, sin embargo, es más fácil verlo, basta mirar en las 'redes sociales' y descubrir que ante un mínimo hecho, críticas brotan, como setas, cientos, para expresar sus estados mentales.

Este pecado de la humanidad no sería malo si el que lo tuviera como un tesoro quisiera guardar, lejos y oculto, para no mostrar cualquier atisbo que lo descubriera. Aunque parezca que hablo de humildad, no me refiero a nada que esto fuera; estoy tratando ahora de mostrar esa soberbia que intentará inculcar o de imponer sus normas a cualquiera.

Cualquier nacido trae ya su verdad, en el momento de llegar al mundo, que la enseñanza de la sociedad con artimañas logrará cambiar y su derrota torcerá de rumbo. Afán insano es el que nos mueve a convencer al resto de la gente que la verdad que cada uno tiene o que asume de quien igual sostiene es, para el mundo, la más conveniente.

Este defecto es fácil de hallar y forma parte de nuestra genética; basta pararse un rato y observar como a la gente tiende a separar y a clasificar siguiendo tendencias. Y el resultado final de este agrupar, no es otra cosa que separación, con un defecto muy particular: que cada grupo se empeña en luchar para imponer al resto su opinión.

Los ambiciosos, que lideran grupos, estimulados por su condición, buscan la forma de usar los asuntos que son la esencia de cada conjunto, mientras se colman en satisfacción. Si por ambición se reúnen las mentes y de su verdad están convencidas, cuando no puedan sonar convincentes, para atraer hacia sí otras gentes, sólo disponen de fuerza y mentiras.

A donde miréis hallareis lo mismo, sea en lo temporal o espiritual, según el caso, llámese activismo o digan, si no, que es proselitismo y sabrán del modo que usan para atar.

148

POST Nº 26 De lo políticamente correcto

En tiempos no muy lejanos, ciertas cosas se aludían tal que mierda; ahora, en cambio, las llamamos con la terminología de la ciencia. Se habla de substancias tóxicas, lixiviados residuales o extractos, en vez de aguas cenagosas, estercoleros fecales, putrefactos. Hoy ya todo es más bonito, da gusto vivir un mundo tan aséptico, porque hablar es como un rito con el sentido profundo de lo estético.

Nadie se atreve a llamar a las cosas por su nombre ante el público, dejándose engatusar por quien las cosas renombre a su gusto. Es un modo de lograr, cuando alguna cosa es dura, suavizarla; con el fin de procurar que quien oiga tenga dudas de cambiarla. Si el que escucha no se mueve porque oyendo no se siente concernido, será como cuando llueve y el pájaro permanece en su nido.

En cierto sitio he contado ochenta y cuatro maneras de nombrar a cualquiera, en el pasado, que disminuido fuera en lo mental; y noté, curiosamente, lo que tan gran abundancia me mostraba: que las usaban las gentes cuando, ¡maldita la gracia!, insultaban. Lo, en política, correcto para no usar un defecto como insulto, es contar que, con el tiempo, imponer un nuevo término es astuto.

Veréis que nadie se muere si se miran las noticias que nos dan, a lo más puede que lleguen, tal vez, a perder la vida, nada más. Por eso la humanidad también tiene varias formas de morir, desde muerte natural hasta las que dicten normas a seguir. A veces, en hospital, en que una muerte sería no natural, es posible, al informar, que sea la muerte aludida, cerebral. Si se derrumba una casa y quedan varios vecinos enterrados, normalmente serán bajas o bien desaparecidos los nombrados. Si por obra de atentado o un desastre fortuito sea causante, muertos no será el vocablo que normalmente sea dicho si informasen. Pues parece que morir no es un tema en que quieran que pensemos, sólo hay que hacerlo en vivir, que en ello pueden mostrar sus desvelos.

Quien sólo piensa en vivir y en mantener esa imagen a la vista, por fuerza ha de consentir cualquier cosa con que evita verse víctima. Y olvidándose de Dios asignarán la misión al estado, bendiciendo esa labor de control, con dejación en privado. A tal extremo han llegado, sobre la muerte, las cosas hoy en día, que en culpables maliciamos siempre que haya una persona fenecida.

Pues ya van quedando pocos que tranquilamente en casa se murieran, porque, ante el primer asomo, verse en cama de hospital se prefiera. Y se nombra la eutanasia como forma suavizada de la muerte, que acabe siendo deseada y hasta sea considerada una suerte.

A esa corrección política, concepto recientemente acuñado, se le debe la primicia que da apariencia, a la gente, de milagros: ya no se dan en los pueblos ciegos, cojos, paralíticos o lisiados, pues asigna nombres nuevos, de carácter más político, el estado; y aunque no haya cambiado la situación personal de cada uno, aparenta haber logrado que se resuelva su mal de consuno.

Las antiguas relaciones entre mujeres y hombres, sexuales, por diferentes razones son susceptibles del nombre, *generales*. No hay sexo entre macho y hembra, al modo de las especies animales; mano al género se echa, con adornos de ribetes judiciales. Siendo bidireccionales las que todos conocían desde otrora, las polidireccionales son las que hoy se validan en la norma. Pretenden que los humanos ahora carezcan de sexo tal que antes, de tal modo que debamos ser, con notarios, primero, otorgantes. Habiendo así convertido el amor en cosa pública, de privado, se habrán cargado a Cupido, como puede que deduzcan, de un plumazo.

Si a lo correcto le unimos el concepto que ahora usamos de igualdad, el panorama obtenido, no podrá desalentarnos, dará igual.

POST Nº 27 De los caminos humanos

Caminos ocultos, sendas paralelas, que seguimos juntos, sin que nadie sepa que, como los rayos de una única rueda, reunidos rodamos a la misma meta; y mientras miramos de adentro hacia afuera el eje olvidamos, que a todos nos lleva. El eje es la vida del alma en materia, que fácil se olvida en la periferia; así, quien no aprecia las vidas ajenas, la suya desprecia y contra sí atenta.

Cada día del año, al girar la rueda, un sector de apoyo distinto se encuentra y todos los rayos que tal día sustentan tienen a su cargo transfundir su fuerza. Si en doce segmentos se la dividiera habrían doce tiempos moviendo la rueda: solo quien comprenda del cielo la influencia será quien convenga que, usando su ciencia, corrija su giro, la mantenga recta y marque el camino correcto a la meta.

Mas si la influencia del cosmos se niega, que el caos nos gobierna quizás no se entienda. Otra cosa no hallo que sea que la pueda llevar al ocaso o el giro detenga. Si es cierto que el hombre, bajo la influencia de planetas, soles o grupos de estrellas, escoge el destino que mejor le venga, no encuentro motivo para que no vea que, bajo los signos cósmicos que reinan, los distintos grupos, al girar la rueda, cambiarían el rumbo si no hubiera inercia.

Para los que saben y hablan del Zodiaco, hubo un tiempo antes que eran consultados por los gobernantes de grandes imperios, los más importantes e incluso los menos, para que la influencia, por girar, cambiante, torcer no pudiera el curso deseable. Hoy somos muy listos todos los humanos; por pensar, creemos que siempre acertamos; y los que gobiernan y los que votamos, todos creen que aciertan y, por tal, no erramos. Si todos los rayos tiran de la rueda según sean sus grados, trescientos sesenta, de no ser que un grupo sepa darse cuenta e imponga su impulso juntando sus fuerzas, que se detuviera sería lo esperable o el rumbo perdiera o fuera cambiante.

Si en la Astrología, con todo el Zodiaco, en las profecías, videncias y oráculos, ahora nadie fía, eso no es obstáculo para que haya guía que nos marque el paso. Los antiguos sabios, como el mismo Buda, ya nos señalaron, sin lugar a dudas, que nuestros deseos crean nuestro destino, junto al sufrimiento que portan consigo. Y Alguien aún más sabio hace tiempo dijo que si imaginamos algo con ahínco, solo con pensarlo, siempre convencidos, al final llegamos a verlo cumplido. Todos, por lo tanto, creamos el destino: el nuestro marcamos y al resto influimos. Por tanto, aquel grupo que arriba citara, que sobre este asunto se da cuenta clara, para dirigirnos según les convenga, marcarnos su rumbo, controlar la senda; para que el camino permanezca oculto, que nuestro destino sea más de su gusto; habrán de avivarnos ocultos deseos que, por desearlos, nos hacen sus reos, mientras que pensamos ufanos, gozosos, que el mundo arreglamos siguiendo sus dolos.

Por tanto, reafirmo, si te ves adulto y algo has percibido respecto a este asunto, por favor, no dejes que la rueda humana otros la manejen con su oscura insania (pues es bien seguro que el refrán acierta y nadie da duros a cuatro pesetas)

POST Nº 28 De la creación de riqueza

A poco que alguien se pare y haga honor a su memoria, verá que recuerda y sabe que, a lo largo de la historia, desde remotas edades hasta un más cercano otrora, la riqueza es desenlace de la obra de las personas.

Dije obra y no trabajo porque, en tan remotos tiempos, para obtener resultados se unían trabajo e ingenio; el que sembraba sus campos no era tan solo un labriego, pues debía estar informado de los vaivenes del tiempo, conocer bien la botánica y prevenir semilleros, cómo cuidar de sus plantas y cómo aportarles riego. El que fuera molinero no sólo había de moler, pues debía idear primero el molino que iba a hacer; si iba a moverlo con agua o iba a moverlo con viento, con sus respectivas aspas, o girándolo un jumento. El que fuera zapatero no sólo cosía zapatos, debía conocer los cueros, y el modo de diseñarlos, los patrones más correctos, herramientas de cortarlos, de la anatomía el misterio de los pies más delicados. El pastor, de sus rebaños debía saber el secreto del modo de alimentarlos en verano y en invierno, cómo tenía que cuidarlos y sanar a los enfermos igual que un veterinario hace en los tiempos modernos. De metalurgia el herrero y también el herrador, de madera el carpintero, de mármol el escultor, de las piedras los canteros, yeso y cal el constructor, cómo hacer yeso, el yesero y para hacer buen carbón, el humilde carbonero, todos debían ser expertos en función de su labor.

No haré la lista más larga pues pienso que no es preciso, cualquiera puede alargarla pensando en Artes y Oficios. Con respecto a toda ella algo sí debo añadir: la actividad de cualquiera se enseñaba al aprendiz, en enseñanza privada que era preciso seguir.

Durante miles de años la creación de la riqueza se basaba en las personas porque entonces no había empresas. Lo que más se parecía a semejante concepto era la fuerza bravía organizada en ejército. Y quizás algún patricio con poder desmesurado, manteniendo, en sacrificio, otro ejército de esclavos.

Y tal vez, algo más tarde, no en el sentido actual, los que hacían las catedrales fueran otra empresa más.

Ni en su objeto se igualaban las de entonces a las de ahora, pues aquellas colectaban riqueza de las personas. Los que tenían el poder, como los citados antes, solo tenían que saber cómo manejar sus artes para poder obtener, con el uso de sus huestes o quien fuera menester, los productos pertinentes; requisaban, por la fuerza, los frutos del pueblo llano, exprimiendo la riqueza que aquel había generado: impuesta era la colecta y a nadie le era de agrado.

Pero no se hacía muy bien almacenar lo cobrado, vegetales, granos, miel, huevos, gallinas, ganado; por lo que hubo que prever el modo de mejorarlo. No ha de ser por eso extraño, que alguno juntara grano; del faraón fue el mandato, según nos han relatado, que, en tiempos de vacas gordas, no almacenaba ganado y acaparó el cereal que su pueblo hubo sembrado. Cuando la crisis llegó, como habían vaticinado, el citado faraón vio su poder aumentado: trabajaban para él los pobres por el bocado, levantando por doquier monumentos como esclavos; y los que tenían riquezas, sin comida, de otros lados, al reino de él, con monedas, iban a comprarle granos, pagando con interés; poder dando al soberano.

Ya deberíamos saber que aquel faraón lejano mandó el grano recoger, no para darlo de grado, pues sentaría un precedente que creo que no se habrá dado, en que un poderoso piense tan sólo en el pueblo llano (aunque sea Historia Sagrada, cual ingenuos, no creamos que el faraón regalaba el grano a pueblos lejanos, como pasó con Jacob y los otros once hermanos de José, el asesor, que aconsejó almacenarlo).

Con el devenir del tiempo, a nuestros tiempos llegando, con objetivos diversos, las empresas se crearon, aunque no se parecieron a las que ya he mencionado; a lo sumo, con reflejos de los patricios y esclavos.

Hoy ya no hay obra de hombre; sólo le queda el trabajo; el ingenio corresponde al poder del empresario. Todas las riquezas que, antes, eran fruto de su oficio, ya no es él el generante, hoy las gestionan patricios, para los cuales trabajan los hombres, que antes creaban, por sí mismos, la abundancia y ahora, llevan vida esclava.

¿Pensáis que algo ha cambiado, cuando el poder le reclama al trabajador riquezas, como cuando las creaba, olvidando que son dos las partes que esa obra abarca?

¿No parece que sería cual si el faraón pagara al esclavo, dando pan, y luego le reclamara que devolviera el mendrugo antes que se lo tragara?

POST Nº 29 Del sueño de vivir

Tengo que reivindicar a don Pedro Calderón de la Barca, por mostrar, cuando Segismundo habló, que la vida es un soñar cada cual su condición, sin llegarse a percatar nadie de su situación.

Lo encuentro un hombre genial; capaz fue de resumir en treinta versos, no más, lo cierto que es el vivir. Para todo hombre cabal son precisas ocho horas de dormir y descansar, como creo que nadie ignora; pasa dieciséis despierto creyendo ser la persona que en la vigilia funciona y ausente se halla en el sueño. ¿Qué es lo que dice la ciencia acerca de este proceso? ¿Cuándo el hombre es más real, durante el sueño o despierto?

Se puede considerar que, en tanto estamos dormidos –al no poder controlar ni el soñar ni su sentido– que de la vida salimos, permaneciendo durmientes, pues nadie tiene dominio sobre sí ni su consciente. Si no es así, se me diga qué pasó con la conciencia, si en la vigilia está viva, durmiendo ¿dónde se encuentra?

¿Acaso somos robots guiados por un programa, que en la mañana hace «on» y por la noche se apaga? ¿O está la conciencia activa en sitios desconocidos, por obligación debida a la vida que vivimos? Dicen que estas cosas pasan a todos los seres vivos, ¡qué inteligente el Azar, del que dicen somos hijos! (con él y la lotería, seguro, seríamos ricos).

Toda persona al nacer se pasa el tiempo durmiendo, en tanto que ha de aprender a ser adulto, despierto; alcanza uso de razón en el momento preciso de invertir la proporción entre despierto y dormido. Y en ese tiempo de infancia ¿dónde estaba la persona? ¿Como qué, considerarla, si no es la misma de ahora?

Mientras sigamos dormidos, somos totalmente iguales que el primer día en que nacimos, igual que siendo fetales; mas, mientras se está despierto, como adultos y conscientes, somos lo que nos ha impuesto lo que nos rodea, en la mente. Entonces, ¿cuándo soñamos, al dormir o al despertar? Para esto analizarlo no nos debemos dejar ser, por la opinión, llevados de la creencia general; pues esa es la simple treta que usa quien sea que nos tiene, y despertar no nos deja, presos de día en nuestra mente; obnubila el subconsciente en las horas que dormimos impidiendo ser conscientes del humano desatino.

La mayoría de la gente no pierde ni un simple instante en pensar lógicamente en tema tan importante, pues si el mundo así funciona en todos los seres vivos, la realidad que le importa es la que ahora vivimos, de tal forma que el morir –que, al dormir, es parecido– será de la vida el fin, tal como la hemos conocido.

La persona que vivió dos tercios del día despierta, al morir se despojó de la mascarilla impuesta; no sabemos qué pasó a la del tercio restante, ¿viviendo continuó, al morir, igual que antes?

Para aclarar el misterio hay que despertar del sueño que vive nuestro cerebro, asumiendo estar despierto: actores de personajes nacidos bajo la influencia de todo el aprendizaje que moldeó nuestra conciencia desde el día en que nacimos, cual 'realidad virtual' a través de los sentidos, se vino a consolidar tan fuerte, que no sentimos que pueda haber algo más y en vivirla insistimos sin pensar que sea soñar.

POST Nº 30 Del final de la tormenta

Todo acabará cuando todo pase, el cielo se calme, las aguas se amansen, el sol se desfogue, la tierra repose, y en su seno acoja la última congoja. El tiempo de calma ya toca a su fin, presiento en el alma que haya de venir la gran tempestad que aquella presagia ¡y la humanidad, mientras, goza y baila!

Cada gran tormenta viene precedida de un tiempo de espera con su calma chicha; que, aunque parezca que el alma sosiega, el ánimo agita, los nervios altera. Hoy los aviones cubren el planeta, junto a embarcaciones, y coches, la Tierra, portando a los hombres a grandes distancias ¡y la humanidad, mientras, goza y baila!

La gente se aburre en tiempos tranquilos, se estresa y sucumbe envuelta en suspiros buscando un motivo de ocupar su tiempo en pos de disfrutes y divertimientos; corren cual posesos de un lugar a otro, colmados por fuera y vacíos por dentro; a lo que interesa restan importancia ¡y la humanidad, mientras, goza y baila!

Ya nada parece que importe al humano salvo lo que ofrece disfrute inmediato, dejando deberes, si puede, de lado, que el voto delegue no resulta raro; el mundo camina ajeno al proceso que en su seno anida un tiempo violento que llegará presto con su discordancia ¡y la humanidad, mientras, goza y baila!

Como en el presente, en tiempos pasados también fue frecuente, para el ser humano, mostrarse indolentes, pasivos, pensando solo en su deleite pronto e inmediato; siguiendo la inercia de buscar placeres, bajo la inconsciencia de eludir deberes, sin ver la evidencia que de eso se infiere: que el trueno resuene con gran abundancia ¡y la humanidad, mientras, goza y baila!

Todo lo que ocurra hoy en este mundo, si no se procura cambiar el rumbo, si alguno rebusca verá que el futuro hará que reluzca del pasado oscuro; lo que fue será y lo que es ya ha sido: habrá que observar los hechos habidos de hoy hacia atrás para hallar sentido y determinar si haya concordancia ¡y la humanidad, mientras, goza y baila!

El tiempo de gracia ya se está acabando; la gran abundancia se va recortando, bajo la ignorancia del género humano que exulta jactancia respecto al pasado; a veces los fuertes que rigen el mundo, por desgracia o suerte señalan el rumbo que llevan en mente por su bien o lucro y luego desmienten toda contumacia ¡y la humanidad, mientras, goza y baila!

Si ante la evidencia de grandes tormentas la gente se apresta a bloquear las puertas, colocar maderas clavadas por fuera sobre las ventanas y las cristaleras; guardando reservas de agua y alimentos, todo lo que tengan, ganados, graneros, mirarán que sepan, dentro de sus medios, tener mientras puedan bajo vigilancia ¡y la humanidad, mientras, goza y baila!

Algunas palabras en el diccionario de, en exceso, usarlas de ellas abusamos; y con el abuso su signo cambiamos dejando en desuso mejores vocablos. Si fuera posible odiar sustantivos, pronombres, adverbios, verbos o adjetivos sin que fuera absurdo, me daría un motivo para juzgar una de abuso continuo con concomitancia ¡y la humanidad, mientras, goza y baila!

Tal es, *disfrutar*, que constantemente, no importa sea cuál la cosa que anhele, la gente dirá de modo frecuente, e incluso lo harán en caso de muerte; quieren disfrutar de cuanto se ofrezca, tanto sea viajar como quedar cerca, de lo que se va o que permanezca, cuando calor haga o el invierno arrecia; y hasta muerte 'digna' disfrutar con gracia ¡y la humanidad, mientras, goza y baila!

No queriendo hablar de las pesadumbres, ni considerar insanas costumbres de uso general, que todos asumen, que el uso global su locura encubre, quieren disfrutar su aquí y su ahora, sin investigar ni hurgar lo que ignoran, lo que pueda estar oculto en las modas que hácenles gozar y por ello adoran; cuando ya sea tarde y llegue la tormenta, sin que nadie aguarde ni la crea tan cerca, verán a faltar su ansiada abundancia y han de lamentar su perseverancia ¡y la humanidad, no goza ni baila!

POST Nº 31 Del Tsunami Divino

En cierta ocasión, soñando, de pie noté que me hallaba y frente a mí, contemplando, un cielo azul y una playa; en mi derredor había varios grupos de personas que, ajenas, se divertían y jugaban con las olas.

La playa la conocía, muchas veces vi en persona, pero, en el sueño, ese día fue mi mente espectadora; y la escena que veía, como la recuerdo ahora, era un cielo que lucía brillante sobre las olas que mansamente venían, con rumor de caracolas.

Atónito contemplaba la escena, que no entendía, ¿por qué el sueño me mostraba una cosa tan sencilla? Yo me hallaba de pie, quieto, y todo lo que veía era un mar de azul intenso y el azul que lo cubría; parecía un día de verano aunque poca gente había; quizás que fuera temprano o la tarde decaía.

Súbito, sin previo aviso, vi que el mar se retraía y las olas, de improviso, hacia el horizonte huían; quise avisar a la gente, que saltaba de alegría, que huyeran rápidamente ante lo que acontecía; pero aquellos imprudentes, que mis voces desoían, en vez de huir sabiamente, en el lecho se metían disfrutando, alegremente; no vi qué cosas querían.

Mi intuición, o mi conciencia, en silencio me advertía que estaba ante la inminencia de un tsunami que vendría; todo aquel que desoyera la más básica prudencia y raudo de allí no huyera, sufriría las consecuencias.

Lancé gritos de advertencia, intenté que me escucharan, pero solo vi inconsciencia entre aquellos que allí andaban, porque, entre risas y juegos, en el lecho se adentraban, gozando como posesos, tomando cosas que hallaban.

Al desistir de avisarles, viendo su comportamiento, decidí de allí marcharme e iniciado el movimiento, tan pronto empecé a girarme, salí expulsado del sueño de tan abrupto talante que aún olvidarlo no puedo.

Permanecí pensativo, durante un rato, en la cama, queriendo hallar el motivo o lo que significara tal sueño, que fue tan vívido que así se grabó en mi mente, donde permanece activo hasta el momento presente.

En dos o tres ocasiones a lo largo de mi vida y con los mismos patrones, del sueño hube recidiva. Siempre luego, pensativo, queriendo dilucidar qué mensaje había escondido que el sueño quería mostrar.

Fueron pasando los días y los años, hasta el presente, y el sueño permanecía inescrutable en mi mente, como libro que se olvida amontonado en trastero; y en el montón seguiría por los años venideros a no ser que aconteciera algo que lo recordara, al tiempo que recibiera alguna luz que aportara y así descifrar pudiera aquella escena empolvada.

Fueron pasando los años hasta un día, en mi edad provecta, mientras releía el relato de Lucas, en el que cuenta que, en días previos al Diluvio, las gentes comían, bebían, se daban en matrimonio, casaban, se divertían, hasta que el diluvio vino y al final llevose a todos, después que Noé, advertido, al Arca le echó el cerrojo; me pareció comprender la advertencia de mis sueños que se pueden parecer a los mencionados hechos.

Pues como Lucas expone, así ha de ser la venida, al fin, del Hijo del Hombre, igual que en aquellos días; mas, según han enseñado, quedó el Diluvio abolido por Dios, mediante su pacto con Arco Iris divino; no me extraña que mis sueños trataran de señalarme la similitud de tiempos, aquellos y los actuales: la gente no solo come, bebe y hasta se emborracha, se solaza en diversiones, se casan y se descasan y no atienden más valores que los que su vista alcanza.

Un Tsunami ha de venir que, ya que en sueños no vióse, me promueve a presentir que, el sueño, al Hijo del Hombre con Tsunami simboliza (como diluvio sin lluvia, que a todos se llevaría si la prudencia descuidan).

Por ello, de nuevo ahora, lanzo mi voz de advertencia; estamos viviendo horas que son las horas más negras que la humanidad ha vivido y puede que nunca vuelvan; que el mar, aunque se haya ido del mundo (el sueño aparenta), como un Tsunami Divino tornará a pasarnos cuentas.

POST Nº 32 De la doble moralidad

Una prosti-denunció-tuta a un montón de varones, diciendo que la forzaron '*por un puñado de dólares*'. Cuando estudió la denuncia, raudo, el juez, la rechazó; justificó su postura diciendo no hallar razón, porque dicha prostituta, siendo esa su profesión, había cobrado el dinero ejerciendo su función.

Aunque aquella, su moral, parecía tener ligera, no se dejó amilanar e insistió de esta manera:

Hace tiempo que voy viendo que algunas de mis iguales que, aunque no sean prostitutas se comportan como tales, aceptan irse a la cama sin hacer mucho aspaviento, aunque sea de mala gana, para obtener un provecho, para conseguir la fama, para medrar en los medios, para apoyar sus carreras y ganar fama y dinero; así que no veo manera ni encuentro gran diferencia en que se cobre primero o después de una promesa. Por tanto, debo decir que, en los asuntos de cama, la que no se quiera ir tenga sus piernas cruzadas, pues si llega a separarlas sin sufrir un forzamiento habrán consentido abrirlas y eso ya es consentimiento; así que solo le queda sufrir su pena en silencio o arrepentirse, si hubiera hipócritas sentimientos. Y si la ley ahora acepta castigar al instigante por hacer ciertas propuestas en un tiempo ya distante, yo me puse a echar las cuentas y han llegado a confirmarme que, si la denuncia acepta, señoría, voy a forrarme. Apelo así, señor juez, a que se use igual justicia, pues diferencia no hallé entre cobrar en primicia o adinerarse después y ahora simular pudicia.

Después de ver su alegato y tan larga verborrea levantose el juez de un salto y amenazó detenerla por mostrarse en desacato y cuestionar su manera de entender y hacer justicia, dependiendo de las pruebas, omitiendo si hay impudicia o hay sevicia o lo que sea.

Aquella pobre mujer se calló, en silencio, airada, incapaz de comprender, por más vueltas que le daba, con su moral zaherida, que así el mundo le enseñaba varias formas de medida en justicia, tan variadas;

mostrando, en moralidad, que haya una gama tan amplia que toda la humanidad acepta sin cuestionarlas; si lo que se ha de juzgar es una cosa pequeña para medir bastará usar una simple regla; mas si aquella que se mida aparenta gigantesca para tomar la medida se usa mira telemétrica.

Y aquella pobre aceptó conformarse con su sino, aunque en su interior pensó lo bien que nos habría ido, cuando a Eva, que pecó, le impuso Dios su destino: como el provecho buscó, enorme según se ha dicho, en vez de condenación, siguiendo lo que el juez dijo, algún premio mereció en lugar de aquel castigo (tan grande, que salpicó a todos los que han vivido, aunque tan solo mordió el fruto que fue prohibido).

Además, podría lucirse el juez que use su misión de juzgar, al sugerirle que imponga indemnización, como en algún caso insisten, si en la causa hay ocasión semejante cual se dice (no como Dios lo juzgó).

POST Nº 33 De la lotería de la salud

Allá, en mi lejana infancia, por mi edad despreocupado, nadie dábale importancia –o eso creía yo– a su estado de salud, tal como ahora: todos vivían sus presentes evitando cualquier cosa que importunara sus mentes; ignorando todo aquello que convenía a su salud –sea de higiene o del sustento– ansiaban la senectud.

Por causa de esa ignorancia y haber pocas medicinas, cuando algunos enfermaban lo asumían por lotería que, como en cualquier sorteo, cuando el azar decidía, en substitución de premio, la enfermedad les venía.

Yo observaba por entonces que, cuando alguno enfermaba, con remedios o infusiones populares se cuidaba; eran muchas ocasiones que con eso mejoraban pero surgían situaciones que el médico reclamaban y excitaban mi atención, después, cuando, a sus pesares, añadían la prohibición de comer ciertos manjares, normalmente por exceso o por ser muy reiterados, bien por afectar al peso o lo sanguíneo alterarlo. Y aunque la gente moría como también muere ahora, entonces, la mayoría era de causa infecciosa, por ser mucha la pobreza, carecer de medicinas, ignorar normas higiénicas y no abundar la comida. También conocí de casos que decían ser '*cosa mala*' como si aquello, al nombrarlo, la enfermedad redoblara o el mal hubiera advenido, por causa de algún pecado, como castigo divino o por azar encontrado.

Mas parecíame curioso, cuando menos, al notar que eran los enfermos pocos esperando a consultar a algún médico del pueblo, que eran pocos además, como eran pocas, recuerdo, las plazas del hospital que, a pesar de ser pequeño, nunca se llegó a llenar salvo que fuera de viejos que alguien debiera cuidar.

Pero ahora, sin embargo, hay creciente enfermedad, multiplicando los casos en número y variedad; al mismo ritmo se aumentan las plazas en hospitales para incrementar su oferta y las especialidades. A pesar de tanto esfuerzo y trabajar sin denuedo, el porcentaje de enfermos va cada año creciendo.

Mas ahora no hay pobreza, abundan las medicinas, reinan las normas higiénicas y controlan la comida; entonces, yo me pregunto, si estamos mejor que antes ¿qué cosa abunda en el mundo que ahora no es saludable?

Gracias a la medicina, ahora dicen a la gente que la esperanza de vida, pese a ello, ahora es creciente; y en cuanto a la enfermedad, aseguran, sin complejos, que no para de aumentar a causa de haber más viejos. Alguien me habría de explicar si aumentaría la esperanza cuando los viejos muriesen antes de lo que esperaran; si, por ser viejos, se enferman y mueren de muerte mala ¿cómo crece la esperanza de vida, según proclaman? Así que, miren ustedes cómo nos toman el pelo en base, según conviene o no, a los mismos viejos.

Por eso cuando discutas sobre temas de salud, si no estás en mayoría el errado serás tú; por tanto, cuando te insistan en que algo es por genética, el asunto no rebatas: ella te crujió la pierna (porque no se endureció suficiente la osamenta o el músculo no creció tan fuerte como debiera).

Tienen vacas los vaqueros, los ganaderos corderos, los hospitales enfermos y en todos rige el dinero.

Y nosotros, como bobos, lo que digan lo creemos y pensamos que lo nuestro nos ha caído del cielo. Sospechar quizás debamos, como sospecha el carnero, que tratan de manejarnos igual que si cerdos fuéramos.

POST Nº 34 De derechos animales

El Decálogo miré con el fin de comprobar qué dictó Dios a Moisés que debamos observar; y tras leer las versiones que a tal respecto se muestran, en ninguna hallé menciones que hayan de tenerse en cuenta con referencia a animales, salvo sea el asno y el buey, citados cual propiedades al décimo de la Ley, mandamiento que debemos respetar, sin desear nada que sea, de lo ajeno, pertenencia o propiedad.

Me hizo pensar todo ello que, respecto al ser humano, los animales se han puesto en un escalón más bajo, pues, si el texto los menciona a modo de pertenencia, por fuerza se condiciona la ausencia de equivalencia entre animales y hombres; pero, en la era actual, poca gente hay que se asombre que se los vea como igual.

Otra cosa me llamó la atención, allí leyendo, algo que sería un clamor del mundo de estos momentos: el hombre no ha de desear a la mujer de su prójimo que pareciera apoyar toda acción contra el acoso que reclaman las mujeres que defienden la igualdad; mas, si esto defendieren, ellas no habrán de desear. En verdad, también se cita al esclavo en pertenencia, lo cual parece que indica, que hay quizás equivalencia, si bien, no sé como verlo desde los tiempos modernos, pues parece que, en aquellos, que haya esclavos era correcto.

Resulta, pues, comprensible que se me haga confuso saber si ha de ser posible, es decir, resulta justo, tratar, en igual medida, a personas y animales, en situaciones lesivas, como si fueran iguales; pues si alguno maltratara, por ser suyo, a su cordero, la ley quizás le alcanzara, sin importar que sea dueño (¿tal vez por ensañamiento?, pues, si lo llega a matar, por caza o para alimento, pena o castigo no habrá y es distinto el tratamiento).

Reconozco que, este tema, para mí es embarazoso y puede que yo no vea las cosas con buenos ojos; pero a veces se presentan situaciones especiales que, los noticieros cuentan y pasan sin más detalles, a pesar del contenido, con hechos circunstanciales huérfanos de buen sentido o carentes de cabales.

Si un hombre pega a su perro y por ello es denunciado, le costará un buen dinero en caso de ser multado; si su perro es el que muerde a un extraño que ande cerca, correrá la misma suerte, es decir, otra condena; pero si lo muerde a él y el perro no tiene rabia, aquí no hay nada que hacer, el perro al dueño no agravia. Además de eso, los perros, tenidos como mascotas, son tratados por sus dueños mejor que a algunas personas; hasta pueden castigar al dueño por abandono, habiendo tanto animal por el monte andando solo (e individuos de ciudad, en miseria y abandono, y nadie va a señalar como responsable a otro). Por eso no quiero ahondar o hurgar en esta materia: no soy quién para juzgar las conclusiones ajenas,

Sin embargo, he de decir que las leyes naturales contemplan, para vivir, que hay que matar animales; con respecto a vegetales, en un sentido más amplio, el que ha de alimentarse también deberá 'dañarlos'. Por esta simple razón es que me siento confuso, al no ver la pretensión de tratar a todo el mundo, sea humano o sea animal, con igualdad de derechos, como parecen pensar en algunos movimientos de personas concernidas por el bienestar absurdo, por excederse en medidas contra el hombre, para el bruto.

De cierto, hay que respetar a todo animal doméstico, así como asegurar la mejor vida del resto, evitar todas las causas que induzcan a su extinción y eliminar amenazas de esta civilización; mas, eso no significa que el bruto ha de ser tratado empleando las medidas que rigen a los humanos: no se debería juzgar si un gallo canta muy alto y, en consecuencia, obligar a su dueño a 'eliminarlo' (quitarlo del gallinero, pues no puede amordazarlo) o, lo que aún es peor, cambiar la vida del campo y, pasando a la mayor, el gallinero cerrarlo. [Parece, según nos cuentan que, es cada vez más frecuente, que los turistas se alteran con gallos que cantan fuerte: van entonces y reclaman, esperando que los jueces usen las leyes humanas y los gallineros cierren].

Nada tengo que añadir respecto a ciertos festejos, aunque sí deba decir que todo lo que sé de estos, es que no sé distinguir quienes resultan más bestias, aquellos que hacen sufrir o esotros que los padezcan.

Como la vida moderna se está volviendo tan loca, es posible hallar rarezas cada vez en más personas, que al parecer ya no piensan o han declinado el hacerlo, aceptando, como buenas, locas ideas de terceros. La última que me han contado se debe a unas feministas que han dejado a unas gallinas que anden carentes de gallo; aducen que éste las viola, que para hacerlo las daña, que con violencia las monta, como actuando con saña, sin que aquellas manifiesten, igual que persona humana, que hacer la cópula acceden (¿esperan que usen palabras?). Y en vez de reconocer de cualquier gallo su mérito por tener que mantener al gallinerío contento, sabiendo que las gallinas todos los día ponen huevos y el gallo lo necesitan para que no salgan hueros; por no entender el cortejo entre el gallo y las gallinas – olores, miradas, gestos– dicen que aquel es machista y, pues las viola, violento.

Francisco Céspedes Asensio

POST Nº 35 Del ¡Iguálalo!

Mujeres y hombres mayores, nos ha tocado vivir, por los cambios que ahora corren, otro nuevo sinvivir. Las cosas van precedidas de unas formas de pensar que, progresivas medidas, han conseguido inculcar.

A cualquier sitio que mire me produce desazón y por ende, que suspire por la antigua tradición; las diversas circunstancias lentamente cambiaron, copiando de otras instancias las buenas, que aparentaron. Son tantas y tan variadas que no me atrevo a insertar una lista detallada de todo lo que anda mal; en este post, sin embargo, por estar tan extendido, me ciño a relatar algo que la progresía ha traído.

El asunto se enraíza en nuevas generaciones de jóvenes, que rehúsan de pasadas tradiciones, no resultando conscientes del alcance de sus actos, sino que alguien los convence y los lleva hacia otros pastos, en apariencia, jugosos y llenos de mil sabores, más alegres y gozosos que aquellos de sus mayores.

Somos los seres humanos un dechado de egoísmos; los que mandan y mandados buscamos siempre lo mismo, no en cuanto a la cosa en sí, que los gustos son distintos, sino, pudiendo elegir, guíanos el mismo objetivo, a la hora de decidir: lo que sea más atractivo que podamos elegir, normalmente es elegido, sin importar ni pensar en las consecuencias que ello, luego podría reportar, a los mismos que eligieron o a los que vengan detrás.

Hubo un tiempo, en que hombres y mujeres coordinaban sus deberes, para una vida en común; hoy sabemos que, con vista a sus placeres, pocos son ya que comprueben si gozan de esa actitud.

Dado que, antes, la unión era hasta la muerte, nadie confiaba en la suerte para pareja encontrar, y durante plazos que eran diferentes, procuraban conocerse por ver si podrían cuadrar; para unirse, previamente calculaban y cada uno aportaba al matrimonio el ajuar, para irse de las casas de sus padres disponiendo cuanto cabe, por no haber de regresar. Aceptando cada uno su misión para hacer la vida a dos como si uno solo fueran y adoptando ese papel natural que la vida en común da, a dos que en verdad se quieran. El hogar que entre los dos construían, refugiaría a la familia que los dos querían formar, resultaba un remanso de quietud y atenta solicitud para el que habría de llegar.

Pero aquello, por estar condicionado por las leyes, de la mano de la misma religión, fue el objeto que pronto fue rechazado y también vilipendiado por supuesta insumisión (cosa extraña, que aquellos que tercos niegan a Dios y su ley sortean, lo intenten luego atacar y así engañan a los otros con señuelos que, pulsando en sus anhelos, los tuercen con suavidad).

Tres dianas había en sus puntos de mira que, después de conseguidas, nos portaron hasta aquí; ahora encaja todo lo que está pasando –y los viejos aguantando– que va señalando un fin. Fue preciso destrozar el compromiso que, del matrimonio, hizo hincapié la religión y alguien dijo que era el divorcio preciso (negar el voto que se hizo), ocultando su intención. En su apoyo, se aprobaron muchos métodos anticonceptivos, puestos como para liberar; por si es poco y el caso se producía, para los que desistían se autorizó el abortar.

Junto a ello, otras dos patas pusieron para aguantar el tablero en que nos hacen jugar, y no puedo pasar de mostrar el hecho que, en toda clase de juego, quien dirige ha de ganar.

Una de ellas, que al principio parecía, por su lógica, legítima, fue la idea de la igualdad, que antes era ensalzada como un logro aceptable para todos, porque era igualdad legal; entretanto, apoyando ese concepto a la mujer convencieron de que debía trabajar, pues, con eso, se sentiría 'realizada' y no estando subyugada, obtendría igualdad total.

El que tenga algunos dedos de frente, teniendo eso presente, que se detenga a pensar, o se espera a leer lo que acontece a los viejos, que padecen, a su costa, de ese mal.

Las parejas, que ahora se forman deprisa, necesitan pocos días para juntarse en común, solo esperan disfrutar juntos la vida, gozar de modo egoísta su volátil juventud. Y si surge el más leve contratiempo que a alguno le suponga esfuerzo o le dé contrariedad, se recurre sin ningún remordimiento a acabar en un momento lo que debiera durar; pues cada uno, llevando en su fuero interno el firme convencimiento de no dejarse obligar, de consuno se juntaron convencidos de que no harían sacrificio de tenerse que aguantar.

Y la vida que ahora las parejas llevan, hay casos que se asemejan al vaivén del acordeón, solo un día les basta para formarse; tras luego relacionarse, otro de separación.

Los mayores, que viven de antiguo modo, dan a los jóvenes todo, cuando vuelven al hogar, los acogen, de sus heridas los cuidan y consolarlos procuran hasta volver a volar. Son tratados al igual que cuando niños, con entrañable cariño, por su paternal misión, confiando que puedan, con suerte, un día estabilizar sus vidas y no hallen más desunión.

Se han criado jóvenes irresponsables, de descargar, incapaces, de los padres la labor, regresando, cada vez que se repita, trasladando a ellos sus cuitas, esperando comprensión. Esos padres, que a lo más darán consejo, se habrán de ver satisfechos por poderles dar amor, quizás tarden en lograr ser liberados, por ser filialmente honrados, por edad o por defunción.

Si, a todo esto, consideramos los casos en que, hijos separados, nietos llegan a traer, es correcto pensar que, aunque ellos no vuelvan, a los nietos que se tengan quizás deban acoger; hay abuelos que, así, podrán encontrarse volviendo a actuar como padres de hasta más 'hijos' que ayer, aquel tiempo en que las dificultades bien pudieron limitarles los que quisieron tener.

De este modo los padres se hacen esclavos de sus hijos, sus tiranos, sin que haya manumisión, y dan todo lo mejor para esos hijos, refugiados, protegidos y que liban su pensión.

Aunque quedan ejemplos de afortunados con suerte de ser honrados –regla no hay sin excepción– que nos muestran la esperanza de algún cambio, más o menos anhelado, que arregle esta situación, hoy los hijos, desde el día en que nacieran, mientras los padres pudieran, buscan cobijo en su amor, con olvido de que tan largos trabajos solo hallarán dos descansos: residencia o panteón.

Hablando gráficamente, un maestro del humor supo mostrar en la tele, de un milénial –como actor– sobre el tema que precede, ejemplos en conclusión, en los que a tal personaje se le invitaba a dejar el domicilio (y sus padres) y a externo estado cambiar; para aceptar complaciente a cambiarse de estado, exigía comparación: "No pido que el mio superes: ¡Iguálalo!, ¡Iguálalo!"

POST Nª 36 De pensamientos y rarezas

Extraña rareza humana negar lo que no se entienda y por encima del hombro mirar a quienes lo aceptan.

* * * * * *

Todo lo que no se afirme en los medios oficiales son 'paranoicas mentiras' que hoy se denominan 'fakes'; así que, la afirmación de Galileo con la Luna en su día fue denostada por paranoia 'fakuna'.

* * * * * *

Todo el que se entrega al vicio, anda desequilibrado: breve el presunto placer y perpetuo el descalabro.

* * * * * *

La mayoría de los vicios parécense al avariento, que por más que se acumule nunca se saca provecho.

* * * * * *

Vivir a tope gozando de comer, sexo y placeres y no poder recordar cuando aparece el Alzheimer, es la forma más ingrata de haber el tiempo empleado por no quedar ni el consuelo de poder rememorarlo.

* * * * * *

Quien ayuda a los demás sin esperar nada a cambio, salud, alegría y humor disfrutará todo el año. Aquel que mire a los otros con desprecio o con enojo, lo único que obtendrá son señales en su rostro.

* * * * * *

La mujer cuando se sienta tiende a juntar las rodillas, de una forma natural, en un banco o en una silla; el hombre, por el contrario las separa si se sienta, suele costarle un esfuerzo lograr mantenerlas cerca. No hace falta ser experto en asuntos de osamentas para percatarse que ello se origina en sus caderas, que diseñó diferentes la sabia naturaleza para poder conseguir que las mujeres parieran. Sin embargo, los políticos, según reciente he sabido, parece ser que ahora 'ignoran' lo que más arriba digo y como andan preocupados por asuntos de igualdad, dicen que, en bancos corridos, si juntos se han de sentar, han de ocupar sus espacios con perfil rectangular, 'ignorando', al parecer, que es más bien trape-zoidal el perfil de los que ambos usan de modo normal; y presuntamente 'ignoran' que el perfil rectangular redistribuye el espacio de manera desigual, por ser el lado menor del respectivo rectángulo el que ocupa la cadera en el asiento del banco; esto da por resultado que, enarbolando igualdad, perjudicado es el hombre en el reparto espacial. En vez de multar al hombre en base a su evolución, creo que sería más acorde buscar otra solución, tan simple como prohibir usar los bancos corridos o poner separaciones, en lugares de uso mixto.

* * * * * *

Si las mujeres se sientan ocupando un mismo banco, sus nalgas son las que topan al repartirse el espacio; y lo que topa en los hombres si en ese banco se sientan, por arriba son los hombros y por abajo las piernas. Por cuanto precede dicho, no me tachen de 'machista', ¡por favor, que solo digo cosas que están a la vista!.

* * * * * *

Hay personas bondadosas, tan amables, que podrían dulce hidromiel segregar, en lugar de la saliva; en cambio hay malasombras, inhumanas, tan malajes, que en lugar de la saliva segregan hiel y vinagre. Si encontrar las bondadosas requiere mucho trabajo, como le ocurría a Diógenes cuando decidía intentarlo, en cambio, las malasombras van saliendo a cada paso criticando por doquier, a viva voz o en diarios o usando redes sociales u otros medios informáticos: encontrarlas poco cuesta, el problema es evitarlo.

* * * * * *

Va pensando el mentiroso que, al mentir, a otros engaña, ignorando el infeliz que el que miente poco gana, salvo ahondar un poco más el hoyo que lo reclama que, más tarde o más temprano, será tumba de su fama. Tan solo podrá obtener, mintiendo, como cosecha, desconfianza hacia él, amarguras y tristezas. Aunque al principio creyera que al mentir tendría ventaja, la vida es buena maestra y, al fin, su lección le alcanza.

* * * * * *

Con tanto garantizar la salud de las personas, a base de controlar cualquier cosa que infecciona, el mundo, como una esponja, henchido de insecticidas, fumigaciones diversas, fungicidas, herbicidas,

198

radiación al alimento, antibióticos, biocidas, aditivos, conservantes y otras posibles medidas, provoca que todo aquello que acabe yendo a la boca, cumpliendo con su objetivo de matar la microbiótica, no solo mata la mala sino que al final alcanza al que pretende guardar y, en vez de salvar, lo mata.

* * * * * *

A Jesús, el buen ladrón que en la cruz halló la muerte, dijo: 'Acuérdate de mí, cuando en tu reino te encuentres'. Y Jesús le respondió, oyendo cómo lo dijo: 'En verdad, hoy estarás conmigo en el paraíso'. Que aquel que en su Dios confía y en Él pone su esperanza, comprobará emocionado como su anhelo se alcanza. Y al otro que se burló mientra maldecía su suerte, no sabemos que pasó después que llegó la muerte.

* * * * * *

Hace millones de años, miles de eones y eras, el mundo viene rodando y sobre su eje la Tierra. Cuando los seres humanos se libren de su egoísmo, en el momento en que al último no le reste ni un vestigio, en ese preciso instante, en ese momento, afirmo, el mundo se detendrá y acabará su destino. Si cualquiera que esto lea osara intentar negarlo, lo reto a partir de ahora a que intente demostrarnos que, después de eliminar totalmente el egoísmo, que fue el impulso inicial de Adán y Eva, en el principio, el mundo continuará cual si nada haya ocurrido. O si no, que al fin compruebe si, al no quedar egoísmo, el mundo retornará de nuevo a ser Paraíso (quizás esto guste más y hasta ahora no lo he dicho).

* * * * * *

APPENDIX POST

¿Casualidad o causalidad? ¿Predestinación o azar? ¿Fatalidad o suerte? ¿Sincronicidad o Providencia? No hay duda que los caminos de la vida son inescrutables y a veces se entrecruzan o transcurren en paralelo, portando a los personajes hacia destinos impredecibles. El siguiente relato presenta al lector algunos acontecimientos que relacionan experiencias personales –del presente– con personajes y sus vivencias del pasado ligadas, en apariencia, entre sí de algún modo enigmático, según los hechos narrados, resultando difícil tanto aprobar la relación como desestimarla, dependiendo de la mayor o menor aceptación (o rechazo) del lector hacia tales premisas. (*)

202

CAMINOS INESCRUTABLES

Nací almeriense, de un pueblo más grande de historia que de tamaño y otrora rico en plata. Pronto hube de dejarlo en pos de horizontes propicios, allegándome a Barcelona para seguir estudiando y encarrilar el futuro; luego, el azaroso destino usó causas laborales para llevarme en traslados, con la familia incluida, por lapsos trianuales, empezando por Sevilla y tras Almería a Madrid. Y siempre, en cada ocasión, de regreso a Barcelona. Llegó la jubilación y con ella ese vacío que inevitablemente nace al dejar de trabajar. ¿Qué hacer en tal tesitura? ¿Seguir la inercia y llenar el vacío con más vacíos, ocupar con pasatiempos fugaces todos los días y esperar sin más la hora que no se puede evitar? Pensé que es más trascendente la vida y confié en vislumbrar algún designio que fuera providencial.

Pronto sentí la intuición de distanciar la ciudad por inquieta, bulliciosa, estresante, ruidosa y agobiante; o por la edad. Y fui creciendo en deseos de una vida más normal alejada de ruidos, más tranquila y más cabal. El volver hacia Almería se tuvo que desechar; con Córdoba, por mi esposa, también nos pasaba igual, pues al ser la vida a dos, con dos hijos, además, más que opción era un dilema difícil de superar.

Para entonces vino a mí el recuerdo de Teruel que, tiempo atrás, con amigos fuimos para conocer Albarracín y su Sierra y de paso recorrer Gúdar-Javalambre, en parte, pues solo pudimos ver, desde el coche, su paisaje y dos pueblos con encanto que fueron Mora y Rubielos (tanto monta y monta tanto).

Aquel recuerdo creció rememorando vivencias que, siendo niños, mi padre nos contaba de Teruel, donde estuvo por la guerra y volvió con la impresión de sus gélidos inviernos y su buena recepción, con cálido acogimiento, por sitios que recorrió. Algo habló de los peligros y penurias que pasó; pero siempre recordaba con agrado y emoción los sitios que visitara y a gentes que conoció. Dije entonces, ¿y por qué no? Si ellos salen de su tierra buscando la gran ciudad ¿por qué no hacernos pioneros e ir nosotros para allá? ¿Qué se podría perder o, quizás mejor, ganar? Si otros vivieron primero ¿qué es lo que puede faltar?

Felizmente, la inspiración fue acogida por mi esposa; y entrambos nos adentramos en la ilusión por hallar un sitio y un rústico hogar que, con buenas vibraciones, permitiera confiar en gozar de días futuros sin agobios y sin bullas, con la plenitud que da la serenidad tranquila del lugar que nos acoja con su cordial bienvenida. Además, que, por los hijos, sería fácil conciliar nuestros deseos de alejarnos y tener proximidad.

Y así con esas premisas recorrimos Teruel de norte a sur y de este a oeste. Damos fe de un Teruel tan extenso que hay de todo lo que puedas anhelar, donde explorar sus contrastes, sus montañas y planicies de belleza natural: lugares por descubrir, lugares para admirar, bosques, caminos, senderos, fauna y flora y por demás bellos pueblos, aún sea dejados o menguando en población, en que pudimos hallar siempre encantos reseñables. Y llevamos conocidos más pueblos en Teruel que en Córdoba y Almería unidos.

Como no podía ser menos, entre tanta ida y venida, recalamos varias veces para ver su capital; para apreciar sus encantos y complacidos gozar caminando por sus calles y su Plaza del Torico o admirando sus iglesias de arquitectura mudéjar, su Centro Histórico, San Pedro (Los Amantes), El Salvador, Santa María, ... Y de paso, sus *típicas* delicias del paladar.

Mas con ser bella y amable no era nuestra expectativa, inclinada, como he dicho, a encontrar un lugar pequeño y acogedor eludiendo la ciudad. Con este intento buscamos, yendo de aquí para allá, hasta que un día, mejor tarde pues aquel ya declinaba, circulando por su estrecha y parcheada calzada, pasamos en poco tiempo de un entorno de bancales, más bien secos y en barbecho, a rodearnos por doquier un extenso chaparral cada vez más denso y fresco y con verdes matorrales; un cielo de azul intenso especial, limpio y brillante, tan luminoso que nunca tal como aquel viese antes, se mostró ante nosotros y nuestros acompañantes. Y al unísono exclamamos admirando esa visión. Y en tanto lo comentábamos, al poco se presentó a la vista sorprendida la pequeña población de Bádenas en su colina bajo los rayos del sol que, decayendo, contribuían a resaltar el fulgor de sus farolas prendidas. De haber podido planearlo no hubiera sido mejor, pues ese primer contacto nos dio tan grata impresión que resulta inenarrable por más que ponga intención.

Y luego nos solazamos recorriendo el casco urbano de un pueblo limpio, pequeño, recogido y bien cuidado, con calles inusualmente amplias y casas bien conservadas; una fresca fuente pública junto al camino manaba, la iglesia reconstruida conservando la presencia solemne de su pasado, el Ayuntamiento con su típico Trinquete y la sensación cómoda, de bienestar, deambulando por sus calles o contemplando el lugar y su entorno: a un lado el riíco y el rio Cámaras detrás. No se podía pedir más y no lo hicimos. Podría decir que llegamos a sentirnos como César: llegamos, vimos... y nos convencimos; y allí se acabó el buscar.

Muy poco tiempo después –¡qué vueltas que da la vida!–, tuve ocasión de saber de una historia sorpresiva relacionada con Bádenas que, sumada a mi experiencia, me llevó a admitir de nuevo que hay designios insondables que planea la Providencia por rutas inescrutables.

Su historia, tal vez sabida por las gentes turolenses, permitidme que os la diga, puesto que desde ese instante me afectó tan hondamente que aún hoy, pasado el tiempo, cuando la evoco renace de nuevo en mí la emoción, cual viviendo las penurias que su heroína sufrió. Pues ciertamente que fue heroína reconocida, aunque creo que por azares de un destino desdichado fue subvalorada entonces; no sé si ignorada hogaño.

¿Qué sabéis de las vidas paralelas? ¿Por ventura creéis que existen tales?, aquellas de personas diferentes cuyos caminos se asemejan, se aproximan y se entrecruzan y llegan a coincidir en similares momentos, circunstancias o lugares. Sobre ese tema leí en su día en algunos libros de corte paranormal o esotérico, relatos sobre casos conocidos; pero fue aquí donde me enfrenté a este caso que cumplía los requisitos que aquellos textos decían.

Cuando estudiaba aprendí, como cualquier español, que, durante la Guerra de Independencia contra los franceses, diferentes heroicidades populares acontecieron desde el levantamiento del Dos de Mayo [por cierto que así se llama la calle donde vivimos desde hace años, ¡qué curiosa coincidencia más!]. De entre ellas viene al caso la historia de Agustina de Aragón, que, durante el sitio de Zaragoza defendida por las tropas del General Palafox, tuvo la oportunidad de disparar un cañón en el momento crucial en que los artilleros habían caído; la acción, se dice que hizo desistir a los franceses de penetrar en la ciudad por allí (Puerta del Portillo), por temor a una presunta emboscada, lo que dio tiempo a los defensores para recomponer las filas y rechazar a los sitiadores.

Pues bien, los hechos citados que atrajeron mi atención, me hicieron que descubriera por azar, que junto con la primera hubo una 'Agustina' más; o sea, dos, con un notable paralelismo entre sus vidas:

La primera, oficialmente Agustina de Aragón, que, si uno se decide a refrescar la memoria, descubrirá fácilmente que no era de Zaragoza ni tampoco de Aragón, aunque su apellido catalán, *Saragossa,* signifique Zaragoza en castellano; era de Cataluña (de Reus o de Barcelona) y su casamiento con un militar encarriló su camino a Zaragoza para afrontar su destino. Su nombre completo, **Agustina** Raimunda **María Saragossa** i Domènech (destaco nombres y apellido por lo que luego diré). Omitiendo más detalles, solo mencionaré que su fama y honores provienen de haber hecho aquel disparo, diría yo, providencial. Por lo demás, luchó como otras tantas mujeres que participaron en la sangrienta contienda y de las que poco sabemos.

La segunda *"Agustina"*, sí que nació en **Zaragoza**, aunque sus progenitores no eran de allí, pues fue hija de Antonio Agustín, de Bádenas (Teruel) y de Catalina Linares, de Rueda de Jalón (Zaragoza), aragoneses también. Su nombre más breve fue, **María Agustín** Linares.

Para los que somos de pueblo, de tiempos en que se asignaban motes o apodos a los vecinos, sabemos que cuando se portan nombres o apellidos corrientes, lo usual es echar mano del apodo familiar, del alias, apelativo o de otra expresión equivalente. Así que en seguidas me vino a la mente sobre María Agustín, la posibilidad de que le dijeran '*María Agustina*' o '*la Agustina*', o atendiendo a su juventud y pequeña talla, que bien la hubieran podido llamar '*la Agustinica*', en la forma peculiar del hablar maño; no me consta que así fuera, tan solo fue una intuición mientras releía su historia que tuvo la condición de despertar mi interés y mi imaginación. De todos modos, ¿quién sabe si es imperativo que esté presente la '*a*' o ausente en el apellido?

¿Dónde están las coincidencias de estas dos vidas? ¿Dónde su paralelismo? Pues bien, lo doy resumido:

La primera porta en el nombre: *Agustina María Saragossa* (Zaragoza, sin ser de ahí).

La segunda lleva en el suyo: *María Agustín* y es de *Zaragoza*.

Ambas portan apellidos que son poblaciones españolas: *Zaragoza y Linares*.

La nacida fuera de Arag*n* lleva apellido de Aragón (*Saragossa*); la nacida en Aragón lleva apellido de fuera de Aragón (*Linares*).

Los padres de ambas eran foráneos de Zaragoza; ambas fueron allí '*traídas*' para cumplir sus destinos, una gracias a sus padres, la otra por su marido.

Las dos concurrían a la Puerta del Portillo durante el sitio de Zaragoza.

Agustina de Aragón disparó una bala de cañón que cargaron los combatientes; María Agustín abastecía de balas para que dispararan los combatientes [y recibió una bala en el cuello resultando herida grave y aun así siguió luchando hasta que la hicieron retirarse; perdió la movilidad del brazo y quedó inutilizada para el trabajo. Se dice que fue la única zaragozana herida de guerra].

Acabados los sitios de Zaragoza los caminos de sus vidas divergieron; y cuando llegó el momento, al mismo sitio volvieron:

María Agustín recibió una pensión vitalicia de 2 reales diarios y el Escudo de Distinción, muriendo con 48 años, sin hijos, pobre de solemnidad y enterrada en el fosal de San Pablo de Zaragoza.

Agustina de Aragón recibió honores y reconocimientos, mejor pensión y fue aclamada por las plazas donde se desplazaba con su marido militar. Fue enterrada con honores. Reposa en la Iglesia de Nuestra Señora del Portillo de Zaragoza.

Indagando, descubrí también que los zaragozanos completaron las coincidencias en 1908, un siglo después de los Sitios, dando reconocimiento y dedicando el *Paseo de María Agustín* a ésta, del mismo modo que otorgaron otra calle a Agustina de Aragón.

Sirva mi relato como reconocimiento póstumo de ambas. Y como humilde homenaje al pueblo de Bádenas de Teruel, cuna del padre de María y por él, concernido en aquella contienda; como al de Rueda de Jalón de Zaragoza por motivo semejante.

Y debo reivindicar que, en mi opinión, justamente por sus vidas paralelas y aunque le pueda pesar a cualquier historiador, de igual modo ella es también Agustina de Aragón (que es lo mismo que aceptar que las vidas de las dos, juntas completan la imagen de Agustina de Aragón, pues si una no es Agustina, la otra no es de Aragón): Vidas paralelas yendo por la inextricable senda que la Providencia traza y luego el destino trenza, empujando a cada cual hacia un fin inexorable, coincidiendo entre sí en todo o tal vez tan solo en parte.

Nunca me consideré hombre de lágrima fácil, mas si bien supe los hechos y entendí sus semejanzas, sin conocer aún por qué, mi mirada se nublaba; no sé si fue por la edad o haya existido otra causa. Y ahora, años después, de nuevo al rememorarlas, retorna a mí la emoción —y sigo sin explicarla— y renace mi congoja por esa humilde heroína de vida poco agraciada. No he logrado comprender la emoción que así me embarga al recordar sus historias, ni el porqué había de enfrentarlas al cruzarse en mi camino de esta forma tan extraña; aunque es cierto que me enseñan que hay caminos insondables que juntan o igualan vidas con circunstancias iguales y a veces, luego, desunen o las trocan en contrastes.

He ahí, pues, esas dos vidas con un destino notable, que me hicieron preguntar al conocer sus detalles, qué cosas hay en nuestra ruta, qué cosas inescrutables conoce la Providencia para alcanzar a sacarnos jóvenes de Andalucía y a la madurez tornarnos, para al final dirigirnos hacia Bádenas los pasos; qué vínculo tiene oculto en nuestra vida el pasado, que nos une a Teruel; y en el futuro, qué guarda y qué nos tendrá dispuesto en sus designios para ambos. Yo ruego porque, ojalá, Ella conceda otorgarnos sus benéficos augurios a todos, propios y extraños, que al fin y al cabo también en común camino andamos.[1]

---

[1]   (*) Texto presentado en el *I Concurso de Relatos Breves 'Centro Comercial Abierto Teruel',* de Abril/2019. Se añade como apéndice de esta obra —aunque no se corresponda plenamente al formato de Poetic Posts— por lo que puede tener de interés para algunos de los posibles lectores de la misma y como ampliación sobre el autor.

Francisco Céspedes Asensio

SOBRE EL AUTOR

Francisco Céspedes Asensio (Cuevas del Almanzora, Almería, España, 1945). Con formación técnica superior y una vida laboral en consonancia, ha mantenido siempre un interés marcado por toda cuestión relacionada con los logros humanos a través de los tiempos, no solo en sus aspectos científico e histórico sino también en cuantos se relacionan con mente y espíritu, sus misterios y potencialidades. Con anterioridad al presente trabajo ha publicado un práctico "**Tutorial, cómo tejer asientos de rejilla**", un breve relato de aventuras, "**Encontrado**", Amazon 2015 y "**El Canto del Caracol**", Amazon 2019, como fruto de experiencias de su vida, observaciones y algunas de sus conclusiones personales a la búsqueda de respuestas sobre cuestiones trascendentes. La presente obra recoge un conjunto de posts, independientes entre sí y ensartados a través del hilo común de la prosa rimada o prosa poética (el autor declara no hacer verdadera poesía, según se asume normalmente), en las que expresa análisis, opiniones y conclusiones sobre temas de actualidad diversos y de diferentes tipologías, sociales y/o políticas.